GÄUMANN LÜDI VON DER ROPP

Der italienische Architekt und Architekturtheoretiker Aldo Rossi verglich die Architektur mit den Wissenschaften. Wie diese schreite die Architektur voran, indem sie stetig auf bereits Erreichtes aufbaue und sich so weiterentwickele. Diesem wissenschaftlichen Aspekt dient diese Buchreihe. Seit 2000 dokumentiert sie die aktuelle Schweizer Architektur. Die Reihe wird in ihrer Kontinuität gleichsam zu einem Gedächtnis der Architektur, das die Werke dem Vergessen entzieht. Von den mit hohem Qualitätsanspruch ausgewählten Architekturschaffenden werden die wichtigsten Bauten festgehalten, ausführlich dargestellt und dokumentiert. Jeder Band dient auch der Reflexion über den architektonischen Willen, der hinter den Projekten steht. So sind in dieser Reihe mehr oder minder alle in der Schweiz wirkenden ArchitekturkritikerInnen und Architekturkritiker mit einzelnen oder mehreren Textbeiträgen vertreten.

Der Hauptteil in jedem Band widmet sich dagegen der Welt der Anschauung. So sind jeweils anhand von Bildern und Plänen einige bemerkenswerte Bauten dargestellt, die nicht einer routinierten «Produktion» entsprungen sind. Vielmehr steht hinter jedem Entwurf eine leidenschaftliche Auseinandersetzung mit der Aufgabe und deren Prämissen.

Heinz Wirz
Verleger

The Italian architect and architectural theoretician Aldo Rossi compared architecture to the sciences. Like them, architecture progresses by constantly building upon what has already been achieved and develops further in this way. Since 2000, this series of books has been dedicated to the same academic approach in documenting contemporary Swiss architecture. It therefore becomes a form of architectural memory, ensuring that the architecture is not forgotten. The most important buildings by each of the selected high-quality architects are presented, described in detail and documented. Each volume also serves to reflect upon the architectural motivation behind the projects. By now, more or less every architectural critic working in Switzerland has contributed one or more articles to the series.

However, the core of each book is dedicated to the world of observation. Images and plans present a number of remarkable buildings that are not the result of routine "production". Instead, each design stems from a passionate engagement with the task and its premises.

Heinz Wirz
Publisher

GÄUMANN LÜDI VON DER ROPP

QUART

WEGE DURCH DIE ZEIT

Judit Solt

Solitär, erratischer Block, hermetisch, autark, monolithisch, selbstreferenziell: Die Architekturkritik der 1990er-Jahre fand viele Bezeichnungen für Bauten, die jeglichen Bezug zu ihrer Umgebung verweigerten. In der Regel waren diese Attribute positiv konnotiert. Das Gegenstück zu dieser Wertung war der geringschätzige Blick auf den Kontext: Der städtebauliche und architektonische Bestand galt bestenfalls als verunklärt, schlimmstenfalls als Unort. Sich formal, funktional und räumlich von ihm zu distanzieren, bewies Stärke. Den Dialog zu verweigern, galt als Neubeginn.

Die Gegenbewegung liess nicht auf sich warten und erfolgte in einer Rückbesinnung auf das Ursprüngliche, Historische, Gemischte, Komplexe und Gewachsene. Strategien der Kontinuität und der Identitätsbildung – Reparatur, Rekonstruktion und analoge Weitererzählung – zielten auf die Stärkung des in den Vorgängerjahren teilweise arg malträtierten Genius Loci. Nicht zufällig wurden damals vernakuläre Architekturen und traditionelle urbane Typologien wieder entdeckt, analysiert und zeitgenössisch neu interpretiert.

Die globale Finanz- und Wirtschaftskrise 2008/2009 erzwang auch in der Architektur ein Nachdenken über das Wesentliche und Angemessene. Zwar dauerte das notgedrungene Interesse für die Ökonomie der Mittel in der Schweiz nur wenige Jahre, doch es prägte eine Generation junger Architekturschaffender und bewirkte eine erneute Rückbesinnung auf das Einfache – insbesondere auch auf günstige, unbehandelte Materialien, die durch eine sorgfältige handwerkliche Bearbeitung eine neue Wertigkeit erhielten.

In den letzten Jahren ist es das wachsende Bewusstsein für die ökologischen Folgen der eigenen Tätigkeit, das viele Akteurinnen und Akteure der Baubranche zu einem haushälterischen Umgang mit Ressourcen bewegt. Mit der Bezifferung der grauen Energie und des grauen CO_2 erhielt der Bestand einen Wert, dessen konkreter Preis zwar noch auszuhandeln bleibt, dem gesellschaftspolitisch jedoch zunehmende Relevanz zukommt. Umbau und Transformation werden nicht mehr reflexartig als unattraktive Entwurfsaufgaben abgetan, Tabula rasa und Neubau gelten nicht mehr als einzige Königsdisziplin. Folgerichtig gehen namhafte Auszeichnungen vermehrt an Architekturschaffende, die sich dem Weiterbauen widmen.

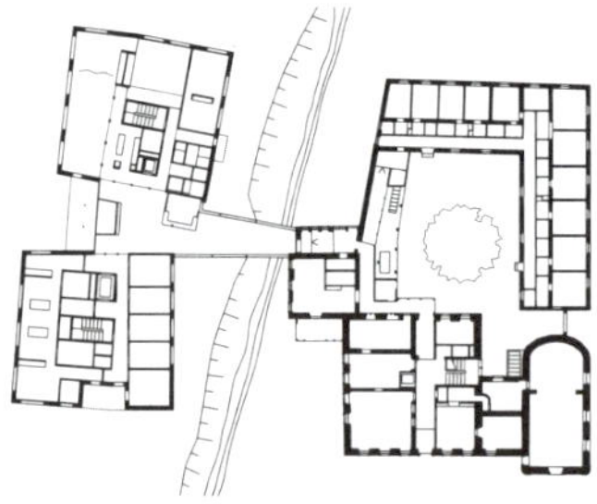

Pflegeheim St. Katharinen, Solothurn
Sorgfältige Ergänzung des historischen Gebäudekomplexes / Verbindungsbau
St Katharinen Care Home, Solothurn
Careful extension of the historic building complex / connecting wing

Verbindungen als Leitmotiv

Während dieser von Bewegungen und Gegenbewegungen geprägten Jahrzehnte haben Samuel Gäumann, Eva Lüdi und Martin von der Ropp eine Vielzahl von unterschiedlichen Projekten realisiert – und dabei eine bemerkenswert konstante Haltung bewiesen. Wollte man diese Haltung mit wenigen Grundbegriffen charakterisieren, hiessen sie: Aufmerksamkeit und Respekt für das Gegebene, das sowohl die bestehende Bausubstanz als auch die künftige Nutzung des Ortes umfasst; Wohlwollen und Sorgfalt in der Auseinandersetzung mit den Bedürfnissen der Menschen, für die das Projekt entsteht; Bescheidenheit gegenüber dem baukulturellen Erbe, bei Bedarf jedoch selbstbewusstes Eingreifen.

Auffällig konstant ist auch das Thema der Verbindungen, das sich als mal leises, mal dominantes Leitmotiv durch das Werk des Büros zieht und immer wieder in unterschiedlichen Spielarten anklingt. Zum einen geht es, ganz grundlegend, um den Weg des Menschen von der Wiege bis zum Grab – und um die Bauten, die ihn beherbergen, von frei gewählten Aufenthalten über erzwungene Etappen bis hin zur unausweichlichen Endstation (vgl. «Wege durch das Leben», Seite 44–47). Zum anderen beschäftigen sich

PATHS THROUGH TIME

Judit Solt

Solitary, alien, hermetic, self-contained, monolithic, self-referential: architectural criticism of the 1990s found many descriptions for buildings that denied any relation to their surroundings. These attributes were, for the most part, meant as praise. The counterpoint to this valuation was a dismissive attitude towards the existing urban and architectural fabric. It was seen at best as muddled, at worst as a non-place. To distance oneself from it formally, functionally and spatially signalled strength. Refusing dialogue was treated as a new beginning.

The counter-movement was not long in coming. It took the form of a renewed focus on what was original, historical, mixed, complex and evolved. Strategies of continuity and identity – repair, reconstruction and analogous retelling – sought to strengthen the genius loci, which in previous years had often been severely mistreated. It was no coincidence that vernacular architectures and traditional urban typologies were rediscovered, analysed and reinterpreted in contemporary form.

The global financial and economic crisis of 2008–2009 also prompted reflection within architecture on what was essential and appropriate. In Switzerland, this necessity-driven concern for economy of means lasted only a few years, yet it shaped a generation of young architects and inspired a renewed appreciation of simplicity, above all of inexpensive, untreated materials that, through careful craftsmanship, acquired a new sense of value.

Bachlandschaft zwischen alt und neu
Brookside setting between old and new

In recent years, the growing awareness of the ecological consequences of one's own actions has led many actors in the building sector to adopt a more economical approach to resources. By quantifying embodied energy and embodied carbon, the existing building stock has acquired a new kind of value, the price of which is still to be negotiated yet whose social and political relevance is steadily increasing. Conversion and transformation are no longer dismissed out of hand as unattractive commissions; tabula rasa and new construction are no longer seen as the most prestigious disciplines. Consequently, major awards now increasingly go to architects who practise *Weiterbauen.*

Connections as a leitmotif

Over the decades shaped by these movements and counter-movements, Samuel Gäumann, Eva Lüdi and Martin von der Ropp have constructed a wide variety of projects while maintaining a remarkably consistent approach. If one were to describe this approach in just a few key terms, they would be attentiveness and respect for the given conditions, encompassing both the existing building fabric and the future use of the site, care and empathy in addressing the needs of the people for whom the project is intended, and modesty towards architectural heritage, combined, when necessary, with the confidence to intervene.

Equally consistent is the theme of connections, which runs through the office's work as a recurring leitmotif, sometimes subtle, sometimes dominant, and expressed in many variations. On one level, it concerns the human path from cradle to grave and the structures that accompany it, from homes of one's own to places of care and, finally, the inevitable last home (see "Paths through life", p. 44–47). On another, Gäumann Lüdi von der Ropp engage with spatial, formal and functional relationships. They seek connections between structures, spaces, building parts, and elements old and new; they curate dialogues between past

Gäumann Lüdi von der Ropp mit räumlichen, formalen und funktionalen Beziehungen. Sie suchen Verbindungen zwischen Bauten, Räumen, Bauteilen, bestehenden und neuen Elementen; sie kuratieren Dialoge zwischen Vergangenheit und Gegenwart, verteilen Rollen, erfinden, interpretieren, pflegen, korrigieren, reparieren und ergänzen, bis das Verhältnis zwischen alt und neu stimmt (vgl. «Wege der Versöhnung», Seite 82–85).

Beide Auslegungen des Leitmotivs – der Lebensweg des Menschen und die Lebenszyklen des Gebauten – basieren auf einer Auseinandersetzung mit der Zeit. Deren Fluss ist die Partitur, auf deren Grundlage das Thema der Verbindungen variiert wird. Doch weil sie Architekturschaffende sind, operieren Gäumann Lüdi von der Ropp mit den Mitteln der Architektur, das heisst: mit räumlichen Interventionen. Ihre Eingriffe sind zeitlich verortet, aber räumlich wirksam. Die Wege durch die Zeit, die sie ästhetisch zum Ausdruck bringen, sind auch physisch erlebbar.

Kantonsbibliothek Thurgau, Frauenfeld
Vor und nach der Sanierung
Thurgau Cantonal Library, Frauenfeld
Before and after the renovation

Architektur als Etappe

Am Anfang stand der erste wichtige Auftrag, der – wie so oft bei jungen Büros – ein Umbau war. Allerdings handelte es sich in diesem Fall um ein besonders anspruchsvolles Vorhaben. Der Auftrag für die Sanierung und Transformation der Kantonsbibliothek Thurgau, eines historisch wertvollen und denkmalgeschützten Gebäudes, resultierte aus einem Wettbewerb. Dabei realisierte das junge Team eine klug durchdachte, aber auch mutige Kombination von Eingriffen, die von Rekonstruktion über Restaurierung, Reparatur und Ertüchtigung bis hin zur Ergänzung mit neuen Elementen reichte (vgl. Seite 86–93). Das Projekt basiert auf dem Studium der Originalpläne und dem Respekt vor dem ursprünglichen Werk, zeugt aber auch von bemerkenswerter Reife, wenn es darum ging, den Bestand neu zu interpretieren. Alte und neue Teile fügen sich unaufgeregt zu einem Ganzen, dessen Charakter dem historischen Gebäude gerecht wird. 20 Jahre nach Fertigstellung strahlt der Bau immer noch eine zeitlose Würde aus, und nichts deutet darauf hin, dass es sich um ein Erstlingswerk handelt.

Der Respekt für den Bestand, das Erkennen und Wertschätzen seiner ursprünglichen Qualitäten, beschränkt sich bei Gäumann Lüdi von der Ropp indes nicht auf denkmalgeschützte Gebäude. Er prägt auch jene Projekte, bei denen sie den Bestand durch Neubauten ergänzen, etwa bei ihrem jüngsten Werk, dem Regierungsgebäude Frauenfeld (vgl. Bild/Plan Seite 34–43). Auch hier ging es darum, durch die Setzung und Artikulierung der Volumen, die Materialisierung und die Konstruktion ein Netz von Beziehungen zwischen bestehenden und neuen Bauten zu knüpfen. Der Neubau – eine tektonisch gegliederte Holzkonstruktion – nimmt die Ausrichtung und Traufhöhe des klassizistischen Regierungsgebäudes auf; auch dessen klassische Gliederungsprinzipien finden in der neuen Holzfassade eine zeitgenössische Interpretation als Lisenen und Gurten. Der als gestufter Doppelkamm gegliederte Neubau vermittelt zwischen dem repräsentativen Regierungsgebäude, der kleinteiligen Altstadt und dem Wohnquartier. Gleichzeitig schafft die Staffelung der Volumen – ein Mitteltrakt mit alternierend gesetzten Büroflügeln – eine Folge unterschiedlicher Hofsituationen.

Verwaltungsgebäude Vorstadt, Frauenfeld
MockUp
Vorstadt Administration Building, Frauenfeld
Mock-up

Diese Verbindung von alt und neu erzeugt nicht nur mehr bauliche Dichte, sondern auch ein dichtes Geflecht von räumlichen und formalen Verschränkungen, funktionalen und sozialen Bezügen, zeitlichen und räumlichen Verortungen, leisen Dialogen und vielschichtigen Identitäten. Sie schafft neue Wege durch Räume, Bauten und Ensembles, die zugleich auch Wege durch die Geschichte des Ortes sind. Sie kanalisiert den räumlichen, formalen, funktionalen und zeitlichen Flow, dem der gebaute Lebensraum unterworfen ist, und verfestigt ihn in der Gegenwart zu einer stimmigen Form. Damit ist auch klar, dass sie nicht den Anspruch erhebt, einen Endzustand zu schaffen: Jeder Eingriff versteht sich als gegenwärtige Etappe einer laufenden Entwicklung, als Anknüpfung an eine Vergangenheit und als vorbereitender Schritt für die Zukunft.

and present, assign roles, invent, interpret, maintain, correct, repair and add until the relationship between old and new harmonises (see "Paths of reconciliation", p. 82–85).

Both interpretations of this leitmotif, the human path through life and the life cycles of buildings, are grounded in an engagement with time. The passage of time provides the score for variations on the theme of connection. As architects, Gäumann Lüdi von der Ropp work with the tools of their discipline, namely spatial interventions. Their actions are situated in time but take effect in space. The paths through time that they articulate aesthetically are experienced in physical space.

Originalzeichnung J. J. Brenner 1851
Original drawing by J. J. Brenner, 1851

Architecture as a moment in time

The first major commission, as is often the case for young practices, was a conversion. In this instance it was an exceptionally demanding one. The contract for the renovation and transformation of the Thurgau Cantonal Library, a historically valuable listed building, was awarded following a competition. The young team carried out a carefully considered yet bold combination of interventions, ranging from reconstruction and restoration to repair, upgrading and the addition of new elements (see p. 86–93). The project was based on the study of the original plans and on respect for the original work, but also displayed remarkable maturity in reinterpreting the existing fabric. Old and new parts merge effortlessly into a whole that remains true to the character of the historic building. Twenty years after completion, the building still radiates a timeless dignity, with nothing to suggest that it was a debut work.

Respect for the existing fabric and for its original qualities is not, for Gäumann Lüdi von der Ropp, limited to listed buildings. It also informs projects in which they complement the existing with new constructions, as in their most recent work, the Vorstadt administration building in Frauenfeld (see illustration/plan p. 34–43). Here too, the aim was to weave a network of relationships between the existing and the new through the placement and articulation of volumes, the choice of materials and the construction itself. The new structure, a tectonically articulated timber building, adopts the orientation and eaves height of the classical government building; its classical principles of composition also find a contemporary interpretation in the new timber façade with its pilasters and horizontal bands. The stepped, double-comb form of the new building mediates between the formal government building, the fine-grained old town and the residential quarter, while the staggering of volumes, a central tract with alternately placed office wings, creates a sequence of varied courtyard situations.

Gestaffelte Volumen / Muster Holzbau
Stepped volumes / timber construction sample

This interweaving of old and new not only produces greater architectural density but also creates a tightly knit fabric of spatial and formal relationships, functional and social connections, temporal and spatial positions, and of quiet dialogues and layered identities. It generates new paths through rooms, buildings and ensembles that are at the same time paths through the history of a place. It channels the spatial, formal, functional and temporal flow to which the built environment is subject and gives it a coherent form in the present. Implicit in this is the understanding that there is no claim to a final state: each action represents the current stage of an ongoing process, a link to the past and a preparatory step towards the future.

WOHNHEIM SONNENBURG, WEINFELDEN
Wohnensemble mit integrierter Beschäftigung

SONNENBURG RESIDENTIAL HOME, WEINFELDEN
Housing ensemble with integrated employment facilities

Das Wohnheim Sonnenburg, das Wohn- und Arbeitsplätze für sozial benachteiligte Personen zur Verfügung stellt, war ein Konglomerat von Bauten aus unterschiedlichen Zeiten beidseits einer stark befahrenden Durchgangsstrasse. Die Anlage sollte umgebaut und erweitert werden, um neue Wohnformen in Gruppen und eine behindertengerechte Nutzung zu ermöglichen.

Aufgrund betrieblicher, bewilligungsspezifischer und wirtschaftlicher Überlegungen schlug das Projekt vor, auf eine komplexe Transformation der denkmalgeschützten Liegenschaft nördlich der Strasse zu verzichten und alle im Raumprogramm geforderten Funktionen auf den südlichen Parzellen unterzubringen.

Zwei Neubauten und das bestehende Werkstattgebäude, das mit marginalen Eingriffen den neuen Bedürfnissen angepasst wurde, bilden ein dichtes Ensemble südlich der Strasse. Die präzise Setzung, die differenzierte Artikulation und die Volumetrie der beiden Neubauten reagieren auf den städtebaulichen Kontext und ergänzen die vorhandene Struktur von kleinen bis mittelgrossen Solitären. Das Wohnheim integriert sich ins Quartier.

In den beiden Neubauten sind die Wohngruppen sowie die Gemeinschafts- und Freizeitbereiche untergebracht. Zusammen mit dem Werkstattgebäude gruppieren sie sich um einen platzartigen Hof, auf den sich alle Gemeinschaftsräume und die vertikalen Erschliessungen der Häuser orientieren und der zum zentralen Begegnungsort der Anlage wird.

Die Gruppenwohnungen nehmen je eine ganze Etage ein. Räumlich artikulierte Wohn- und Esszimmer mit Loggien sowie die Raucherzimmer schliessen die Einheiten jeweils an den Gebäudeköpfen ab. Die Individualräume orientieren sich zur Parzellengrenze und bieten ost- und südseitig die gewünschte Privatsphäre.

The Sonnenburg Residential Home, which provides housing and workplaces for socially disadvantaged people, was formerly a conglomerate of buildings from different periods on both sides of a busy through road. The complex was to be converted and extended to enable new group-living arrangements and barrier-free access.

For operational, regulatory and economic reasons, the design proposed forgoing a complex transformation of the listed property north of the road and instead accommodating all programme requirements on the southern plots.

Two new buildings and the existing workshop, adapted to the new needs with only minimal interventions, now form a compact ensemble south of the road. The precise placement, differentiated articulation and volume of the two new buildings respond to the urban context and complement the existing pattern of small to medium-sized standalone structures. The residential home integrates naturally into the neighbourhood.

The two new buildings contain the residential groups as well as shared and recreational areas. Together with the workshop they are arranged around a courtyard-like square to which all communal rooms and the vertical circulation cores are oriented, making it the central meeting place of the complex.

Each group flat takes up an entire floor. Spatially articulated living and dining rooms with loggias, together with smoking rooms, are located at the ends of the buildings. The individual rooms face the plot boundary, providing the desired privacy to the east and south.

Wettbewerb: 2007
Fertigstellung: 2010
Bauherrschaft: Verein Sonnenburg, Wohnen & Arbeiten
Landschaftsarchitektur: Fischer Landschaftsarchitekten BSLA

Competition: 2007
Completion: 2010
Client: Verein Sonnenburg, Wohnen & Arbeiten
Landscape architecture: Fischer Landschaftsarchitekten BSLA

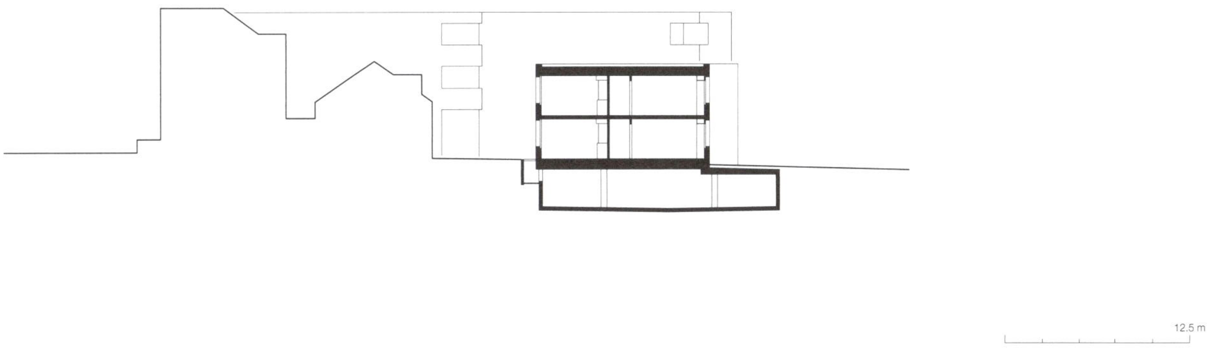
12.5 m

ZEUGHAUS EBNET, HERISAU

Umnutzung und Erweiterungsbau für Polizei, Staatsanwaltschaft und Staatsarchiv AR

Das 1919 von Alfred Ramseyer und Fritz Hiller erbaute, unter Denkmalschutz stehende Zeughaus «Ebnet» in Herisau besteht aus einem massiven Kopfbau mit Büros und einer mehrgeschossigen, nicht gedämmten Lagerhalle in Holzbauweise. Nach aussen erscheint es als imposante Einheit mit verputzten, symmetrischen Heimatstilfassaden.

Der Kanton Appenzell Ausserrhoden liess die Liegenschaft als Standort für das kantonale Departement Sicherheit und Justiz umnutzen und erweitern. Dabei galt es, Büros und Labors der Kantonspolizei, die Notrufzentrale sowie das Amt für Militär und Bevölkerungsschutz mit Schulungsräumen unterzubringen. Der Entwurf nutzt die bestehende Struktur als identitätsbildendes Element für das architektonische Konzept. Die Fassade bleibt integral erhalten, die tragende Holzstruktur wird im Inneren freigespielt.

Im neu erstellten Annexbau, positioniert auf einer ehemaligen Bunkeranlage, die dem Staatsarchiv als Kulturgüterschutzraum dient, sind das Staatsarchiv mit Bibliothek, die Staatsanwaltschaft und Garagen für Polizeifahrzeuge untergebracht. Am Kopf des Neubaus markiert eine Auskragung den Eingang. Aufgrund der geforderten Raumhöhen im Garagentrakt konnte ein zweigeschossiger Lesesaal mit Galerie verwirklicht werden. Der in Weisstanne gehaltene Innenausbau und die zweigeschossige Verglasung schaffen eine lichte, intime Stimmung.

Auch der Annex ist in Mischbauweise konstruiert: Das Erdgeschoss ist aus Beton, die Gebäudehülle und das Obergeschoss sind Holzkonstruktionen. Die Fassade besteht aus schuppenartig verlegten vorfabrizierten Elementen, die mit vertikalen Lamellen unterschiedlicher Tiefe bestückt sind. Dies verschleiert die heterogenen Geschosshöhen und Nutzungen und gibt der Fassade eine flirrende Leichtigkeit. Annex und Umbau erfüllen den Minergie-ECO-Standard.

EBNET ARMOURY, HERISAU

Conversion and extension for the cantonal police, public prosecutor's office and state archive of Appenzell Ausserrhoden

Built in 1919 by Alfred Ramseyer and Fritz Hiller, the listed Ebnet Armoury in Herisau consists of a solid front wing of mineral construction containing offices and a multi-storey, uninsulated timber storage hall. Outwardly it appears as an imposing whole, with rendered, symmetrical façades in the Swiss Heimatstil tradition.

The Canton of Appenzell Ausserrhoden repurposed and extended the property as the new location for its Department of Security and Justice. The project was required to accommodate the offices and laboratories of the cantonal police, the emergency call centre, and the Office for Military and Civil Protection with training rooms. The design takes the existing structure as an identity-defining element of the architectural concept: the façade is retained in its entirety, while the load-bearing timber structure inside is exposed.

The new annex, positioned on a former bunker that now serves the state archive as a cultural-property protection room, houses the state archive with library, the public prosecutor's office and garages for police vehicles. At its front, a cantilever marks the entrance. The required ceiling heights in the garage tract allowed the creation of a two-storey reading room with gallery. The interior, finished in silver fir with double-height glazing, creates a bright yet intimate atmosphere.

Like the existing building, the annex is of hybrid construction: the ground floor is concrete, while the upper floor and building envelope are timber structures. The façade consists of prefabricated, shingle-like elements fitted with vertical slats of varying depth, which conceal the differing storey heights and uses and lend the building a shimmering lightness. Both the conversion and the annex meet the Minergie-ECO standard.

Wettbewerb: 2009
Fertigstellung: 2012
Bauherrschaft: Kanton Appenzell Ausserrhoden, Hochbauamt
Bauleitung: Jörg Schiess, Architekt
Statik: SJB Kempter Fitze AG
HLKK-Planung: Enplan AG
Sanitärplanung: Dörig Planung GmbH
Elektroplanung: IBG B. Graf AG
Sicherheitsplanung: Amstein + Walthert AG
Kunst und Bau: Vera Marke und Monika Ebner

Competition: 2009
Completion: 2012
Client: Canton of Appenzell Ausserrhoden, Office for Building Construction
Site management: Jörg Schiess, architect
Structural engineer: SJB Kempter Fitze AG
Mechanical services: Enplan AG
Sanitary planning: Dörig Planung GmbH
Electrical planning: IBG B. Graf AG
Security planning: Amstein + Walthert AG
Art commission: Vera Marke and Monika Ebner

St

12.5 m

Staatsarchiv

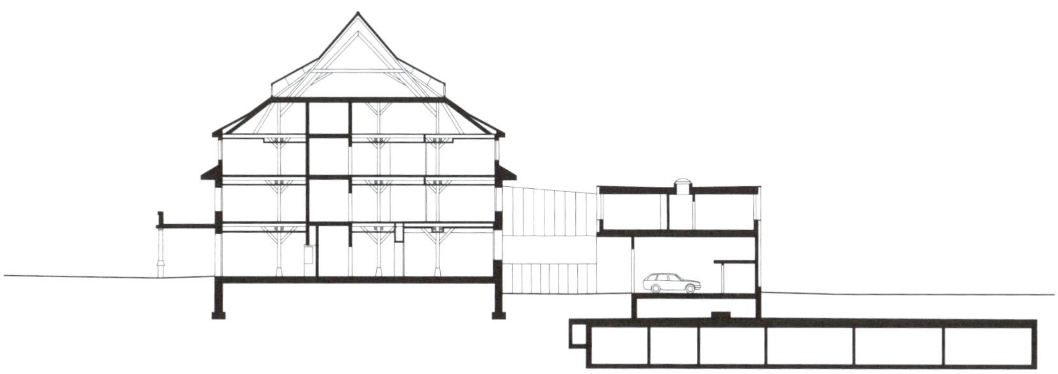

Wasser auf die Mühle geben

SCHULANLAGE FREILAGER, ZÜRICH
Wege zum Ziel

SCHOOL COMPLEX, ZURICH
Paths towards the goal

Das Umfeld ist gegensätzlich – im Nordosten die grossmassstäbliche Siedlung Freilager, im Südosten kleinere Wohnbauten und Familiengärten. An diesen prägenden Elementen orientiert sich die neue Schulanlage. Stützmauern terrassieren das Gelände zu Sportplätzen und weiteren Aussenräumen. Ein einziges kompaktes Gebäude nimmt alle Funktionen auf und entwickelt sich den Terrassierungen folgend in Längsrichtung der Parzelle. Die rationale Anordnung von Turnhalle und Schwimmbad minimiert den Fussabdruck des Neubaus. Orientierung, Grösse und Setzung vermitteln zwischen der Grossform des Freilagers und der Streusiedlung; ein öffentlicher Park und ein zurückhaltendes Wegnetz verbinden die Anlage mit dem umliegenden Wohnquartier.

Die dem Hangverlauf folgende Abtreppung des Terrains setzt sich innerhalb des Neubaus fort: Das Eingangsgeschoss mit Galerie zur Turnhalle und öffentliche Räume wie Mehrzwecksaal und Mensa sind auf zwei Ebenen organisiert, deren halbgeschossiger Versatz den Auftakt zur vertikalen Entwicklung des gesamten Gebäudes im Split-Level darstellt. Das Rückgrat bildet eine lichte, zentrale Halle, an die sich alle Schulfunktionen gliedern. Mensa und Mehrzweckraum sind direkt über die Halle erschlossen und öffnen sich zum Pausenplatz; mobile Trennwände ermöglichen eine flexible Nutzung. Die ebenfalls von der Halle zugängliche, zwischen Sporthalle und Bad liegende Bibliothek bietet Sichtbezüge nach innen und aussen. Zwei breite Haupttreppen bedienen das nächste Niveau; die darüber gelegenen, im Split-Level versetzten Ebenen sind über flachere Treppen miteinander verbunden. Aufgrund der gestaffelten Anordnung der Treppenläufe entsteht in Längsrichtung eine offene, bühnenhafte Kaskade, deren Grösse durch die Halbstockverschiebung und die kleinteiligeren, intimeren räumlichen Bezüge wieder relativiert wird. Nach aussen thematisiert die Fassadenzeichnung des viergeschossigen, fein artikulierten Volumens dessen klare Ausrichtung und statisches Raster.

The setting is one of contrasts: the large-scale Freilager housing development lies to the north-east, while to the south-east smaller residential buildings and allotment gardens are found. The new school complex responds to these defining elements. Retaining walls terrace the sloping site into sports fields and other outdoor areas. A single compact building accommodates all functions, following the terraced topography along the length of the plot. The rational arrangement of gymnasium and swimming pool minimises the building's footprint. Its orientation, scale and placement mediate between the monumental form of the Freilager and the dispersed settlement, while a public park and a simple network of paths connect the school to the surrounding residential neighbourhood.

The stepping of the terrain continues inside the new building. On the entrance level, a gallery overlooking the gymnasium and public spaces such as the multipurpose hall and canteen are arranged on two levels set half a storey apart. This split-level configuration initiates the vertical organisation of the entire building. At its core is a bright central hall, around which all school functions are arranged. The canteen and multipurpose room are directly accessed from this hall and open onto the playground; movable partitions allow flexible use. The library between the gymnasium and the swimming pool is also accessed from the hall and offers visual connections both inside and out. Two broad main staircases lead to the next level, while the split-level floors above are connected by shallower flights. The staggered arrangement of these staircases produces an open, stage-like cascade along the length of the building, its scale tempered by the half-storey offsets and the more intimate spatial relationships they create. Externally, the finely articulated four-storey volume expresses its clear orientation and structural grid.

Wettbewerbsbeitrag: 2016

Competition: 2016

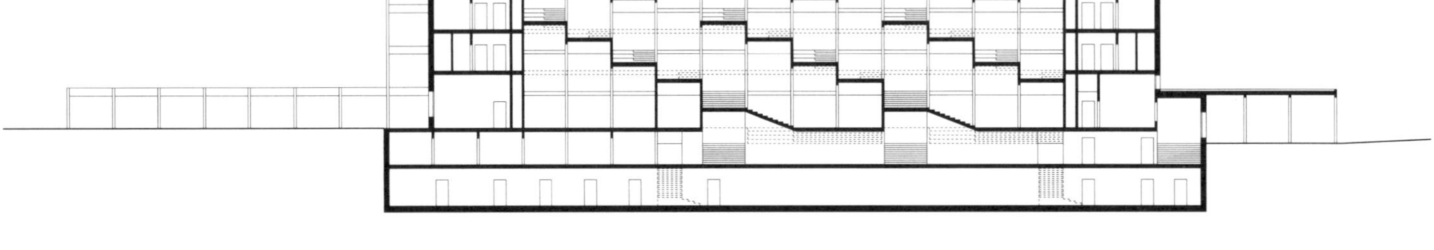

SPORTHALLE OBERFELD, LANGNAU IM EMMENTAL

Neubau Dreifachhalle mit Einbindung des historischen Turnsaals

Die Schulanlage Oberfeld liegt wenige Gehminuten vom Dorfzentrum Langnau entfernt. Das städtebaulich und architektonisch wertvolle Ensemble im Heimatstil aus den frühen 1930er-Jahren wird als Teil des inneren Ortsbildes wahrgenommen und ist als Dorfschule tief im kollektiven Gedächtnis verankert. Die Aufgabe bestand darin, die bestehende Anlage mit dem Neubau einer Dreifachturnhalle zu ergänzen und ein neues Zentrum für den Sport zu schaffen. Um die identitätsstiftende Einheit von Schulhaus, Turnhalle und Pausenplatz zu erhalten, aber auch im Sinne eines haushälterischen Umgangs mit der Landreserve, wurde die alte Turnhalle – über deren Fortbestand die Entwerfenden frei verfügen konnten – nicht abgebrochen, sondern saniert und ins Projekt integriert.

Besuchende betreten das neue Sportzentrum weiterhin über den vertrauten Bogen der ehemaligen Turnhalle, die – wenn auch in angepasster Funktion – dem Sport verbunden bleibt: Im Altbau sind die Lobby mit Catering, Schulungs- und Seminarräume sowie im Untergeschoss ein Grossteil der bedienenden Räume wie Garderoben untergebracht. Dies gelang, ohne die Grundstruktur zu verunklären: Die ehemalige Turnhalle bleibt als Raum integral erhalten, ein kompakter Holzbau im Inneren nimmt die neuen Nutzungen auf.

Die neue Halle ist als konsequenter Holzbau konzipiert. Dank dem Einsatz von Holz als primärem Material sowohl auf Konstruktions- als auch auf Gestaltungsebene tritt sie in einen starken Dialog mit dem trutzigen Bestand. Dem mineralischen Baukörper wird ein fein ziseliertes Volumen angefügt, das ihn in seiner klaren Setzung und Zeichnung nicht konkurriert, sondern ergänzt und gleichzeitig Eigenständigkeit ausstrahlt.

OBERFELD SPORTS HALL, LANGNAU IM EMMENTAL

New triple sports hall incorporating the historic gymnasium

The Oberfeld school complex lies a few minutes' walk from the centre of Langnau. The architecturally and urbanistically valuable ensemble in the Heimatstil of the early 1930s is perceived as part of the inner village fabric and remains deeply anchored in the collective memory as the local school. The task was to extend the existing complex with the new construction of a triple gymnasium and to create a new centre for sport. To preserve the identity-forming unity of school building, gym and playground – and also to use the remaining land sparingly – the old gymnasium, which the designers were free to retain or demolish, was not torn down but renovated and integrated into the project.

Visitors still enter the new sports centre through the familiar arch of the former gym, which has been adapted in function yet continues to accommodate sporting uses. The old building now contains the lobby with catering area, classrooms and seminar rooms, while the basement holds most of the service spaces such as changing rooms. This was achieved without obscuring the underlying structure: the former gymnasium remains intact as a spatial volume, while a compact timber construction within it accommodates the new uses.

The new hall is conceived as an all-timber structure. By using wood as the primary material, both structurally and architecturally, it establishes a strong dialogue with the robust existing building. The mineral volume is complemented by a finely articulated timber addition that neither competes with its clear form and character nor imitates it, but rather complements it while expressing its own identity.

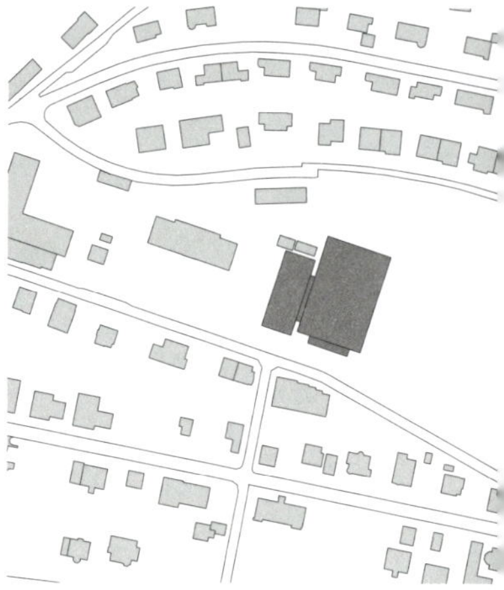

Wettbewerb: 2012
Fertigstellung: 2019
Bauherrschaft: Einwohnergemeinde Langnau i. E.
Bauleitung:
Lehmann AG Baumanagement
Statik: Caprez Ingenieure AG
Landschaftsarchitektur: Hoffmann & Müller Landschaftsarchitektur GmbH
Signaletik: Jonas Schoder

Competition: 2012
Completion: 2019
Client: Einwohnergemeinde Langnau i. E.
Site management:
Lehmann AG Baumanagement
Structural engineer:
Caprez Ingenieure AG
Landscape architecture: Hoffmann & Müller Landschaftsarchitektur GmbH
Wayfinding: Jonas Schoder

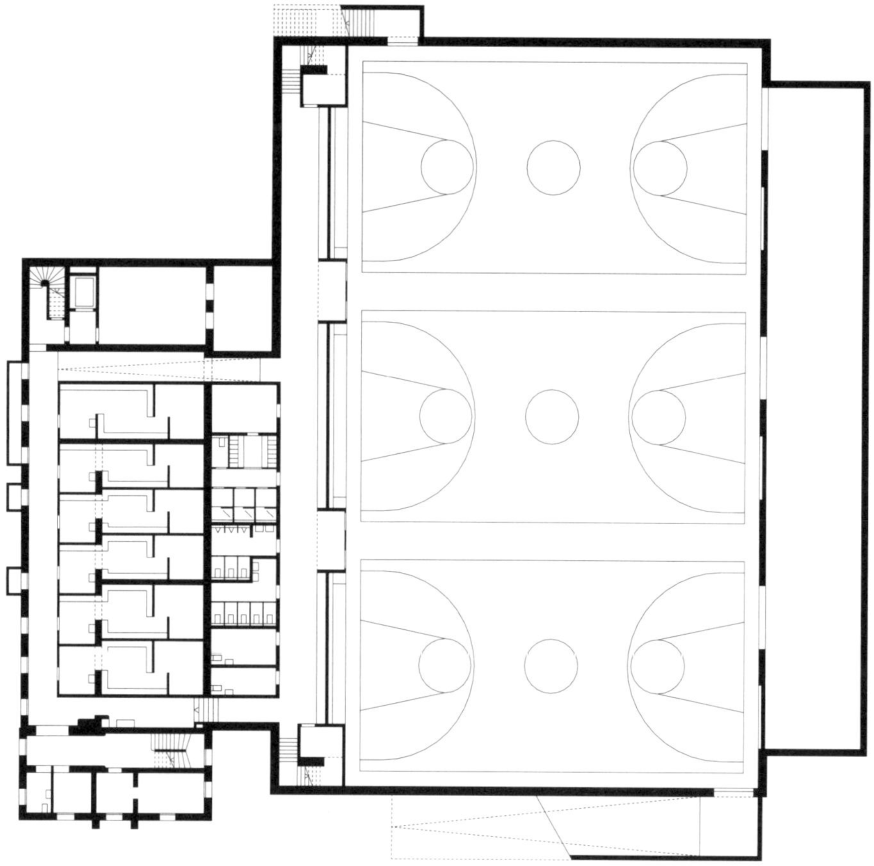

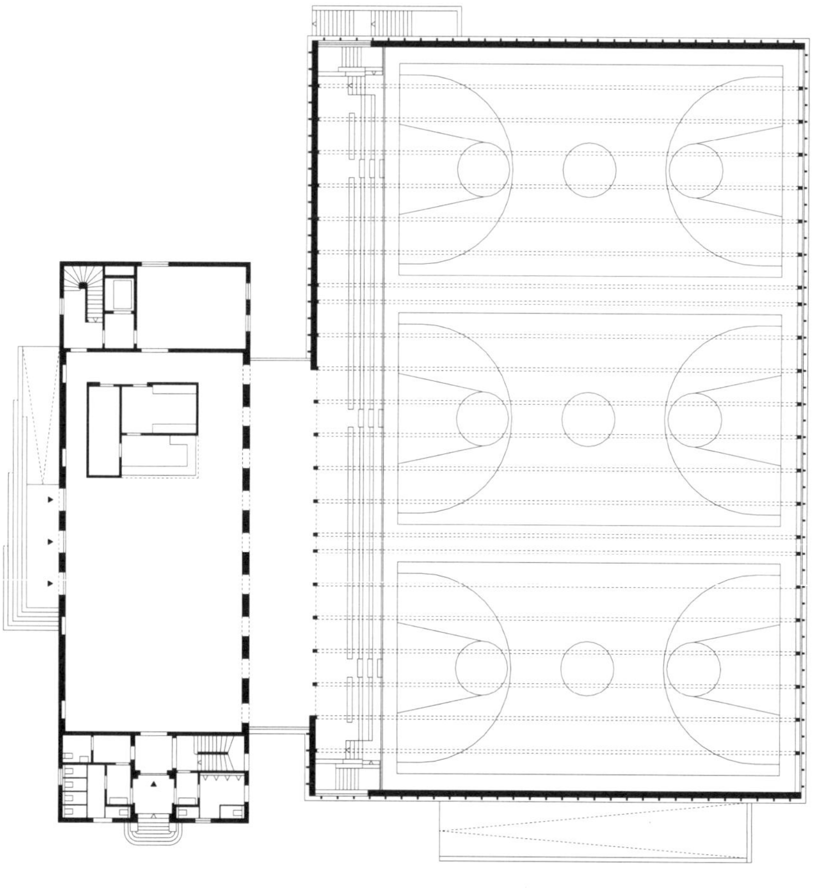

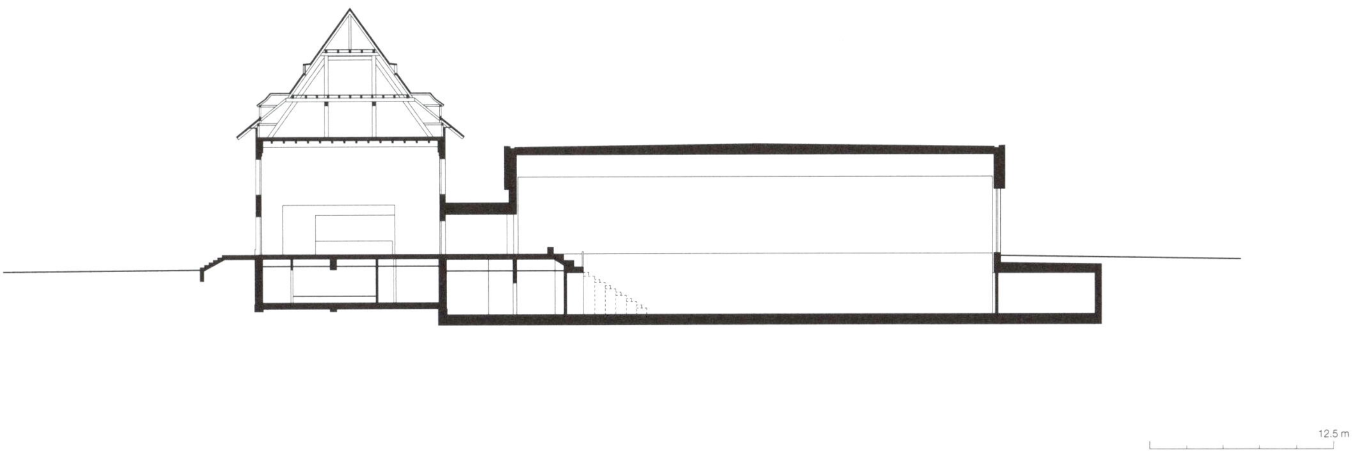
12.5 m

VERWALTUNGSGEBÄUDE VORSTADT, FRAUENFELD

Ergänzungsbau zum Regierungsgebäude in Holz

VORSTADT ADMINISTRATION BUILDING, FRAUENFELD

Government building annex in timber

Der Neubau vermittelt zwischen dem klassizistischen Regierungsgebäude, der kleinteiligen Altstadt und dem Wohnquartier und tritt, die orthogonale Ausrichtung und Traufhöhe des Regierungsgebäudes aufnehmend, mit diesem in Dialog. Die Fassade mit Lisenen und Gurten thematisiert klassische Gliederungsprinzipien und überträgt sie in einen zeitgenössischen, tektonisch gegliederten Holzbau.

Das Volumen ist als gestufter Doppelkamm artikuliert. Die Staffelung der Volumen – zentraler Mitteltrakt mit alternierend gesetzten Büroflügeln – schafft eine Folge unterschiedlicher Hofsituationen. Die Erschliessung knüpft an bestehende Achsen an und setzt die Vernetzung in den Stadtraum fort. Im Erdgeschoss sind öffentliche Funktionen wie Cafeteria und Konferenzräume zu finden, in den Obergeschossen sind bedienende und allgemeine Räume dem Mitteltrakt angegliedert, die rund 300 Arbeitsplätze für verschiedene Departemente befinden sich in den Flügeln.

Die Tiefgarage mit rund 220 Plätzen und die vertikalen Erschliessungskerne sind aus Stahlbeton, der Mitteltrakt, die Büroflügel und die Fassaden sind reine Holzbauten. Das Büroraster bildet die Grundlage des wirtschaftlichen Holzbaukonzepts, dessen stringente Ordnung hohe Flexibilität bei der Raumunterteilung und künftigen Anpassungen an neue Nutzungen erlaubt. Vorfabrizierte Rippendecken spannen von Fassade zu Fassade, mit den Auflagern bei den Stützen jeweils einen Dreifeldträger ausbildend. Zwei Scheiben als Abschluss der Büroflügel nehmen die Wind- und Erdbebenkräfte aus den auch als Scheiben wirkenden Decken auf. Das innen wie aussen stets sichtbare Holz – Fichte und Eiche – stammt aus dem Thurgauer Staatswald und stärkt den regionalen Bezug. Der konsequente Einsatz von mineralischen Böden dient der notwendigen thermischen Trägheit des Gebäudes und steht in schönem Kontrast zum vorherrschenden Baustoff Holz. Der Neubau wurde im Sinne einer umfassenden Nachhaltigkeit entwickelt und genügt den Anforderungen gemäss Standard Nachhaltiges Bauen Schweiz (SNBS Gold).

The new building mediates between the classical government building, the small-scale historic centre and the adjoining residential quarter. By taking up the government building's orthogonal alignment and eaves height, the new building enters into dialogue with it. The façade, with its pilaster strips and horizontal bands, references classical principles of composition and translates them into a contemporary, tectonically articulated timber structure.

The volume is articulated as a stepped double comb. The staggered volumes of the central tract and its alternating office wings create a sequence of varied courtyard situations. The circulation ties into existing axes, extending the network into the urban fabric. The ground floor houses public functions such as a cafeteria and conference rooms; on the upper floors, service and general rooms adjoin the central tract, while around 300 workplaces for different departments are located in the wings.

The underground car park with around 220 spaces and the vertical circulation cores are made of reinforced concrete. The central tract, the office wings and the façades are all-timber constructions. The office grid forms the basis of the economical timber-construction concept, whose strict order allows a high degree of flexibility in spatial subdivision and future adaptation to new uses. Prefabricated ribbed slabs span from façade to façade, supported by two intermediate columns. Two shear walls at the ends of the office wings absorb the wind and seismic loads together with the floor slabs, which also contribute to horizontal stability. Constantly visible, the spruce and oak timber is sourced from the Thurgau state forest, reinforcing the regional link. The use of mineral floors provides the necessary thermal mass and sets up a fine contrast with the predominant timber material. Developed according to comprehensive sustainability principles, the new building meets the requirements of the Swiss Sustainable Construction Standard (SNBS Gold).

Wettbewerb: 2017
Fertigstellung: 2025
Bauherrschaft: Kanton Thurgau, Hochbauamt
Bauleitung: Zorzini Bauleitung GmbH
Statik: SJB Kempter Fitze AG
Landschaftsarchitektur: Fischer Landschaftsarchitekten BSLA
HLKKS-Planung: Amstein + Walthert AG
Elektroplanung: Schäfer Partner AG
Nachhaltigkeit: edelmann energie ag
Lichtplanung: TT Licht GmbH
Kunst und Bau: Bob Gramsma

Competition: 2017
Completion: 2025
Client: Canton of Thurgau, Office of Building Construction
Site management: Zorzini Bauleitung GmbH
Structural engineer: SJB Kempter Fitze AG
Landscape architecture: Fischer Landschaftsarchitekten BSLA
Building services (HVAC + plumbing): Amstein + Walthert AG
Electrical planning: Schäfer Partner AG
Sustainability: edelmann energie ag
Lighting design: TT Licht GmbH
Art commission: Bob Gramsma

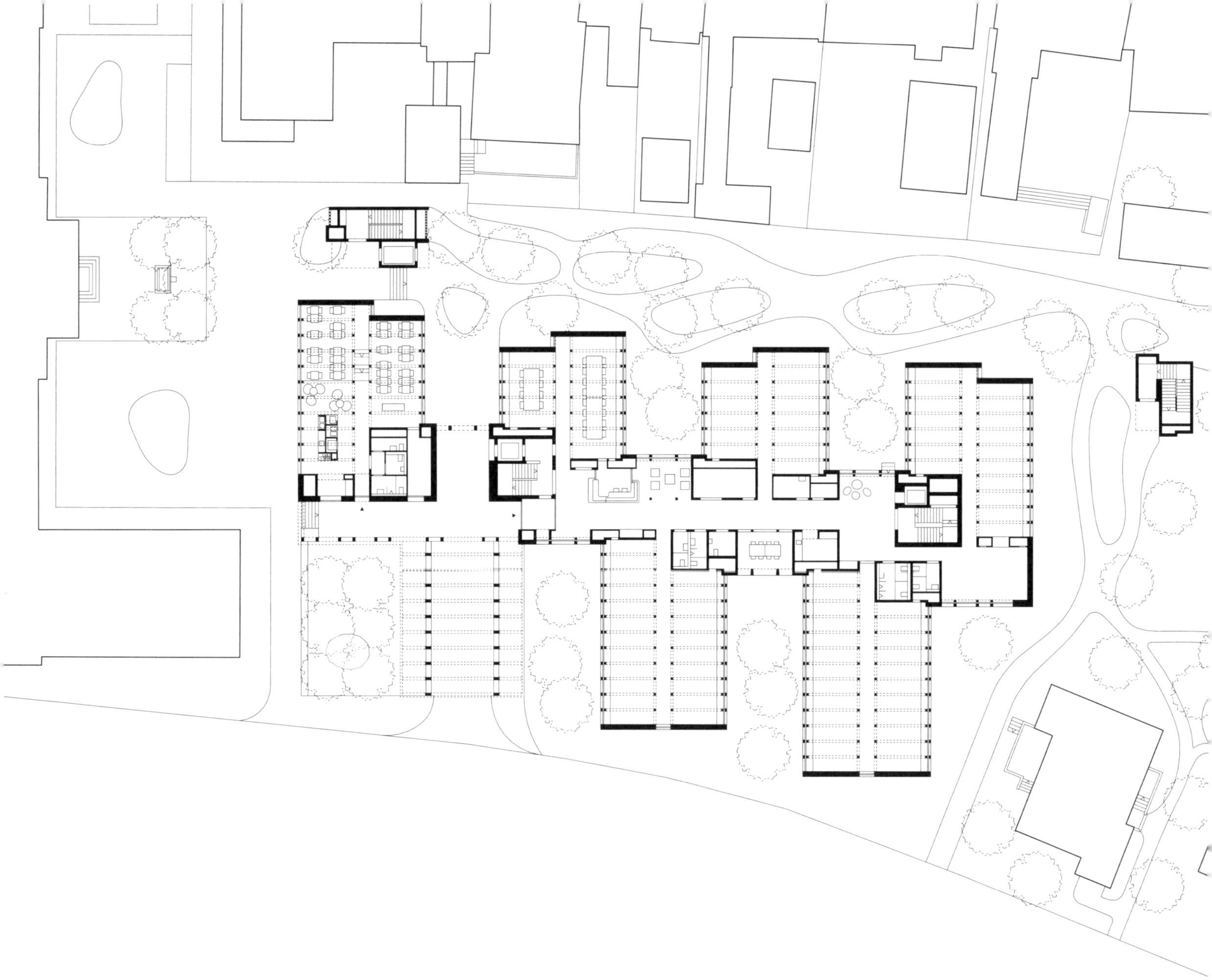

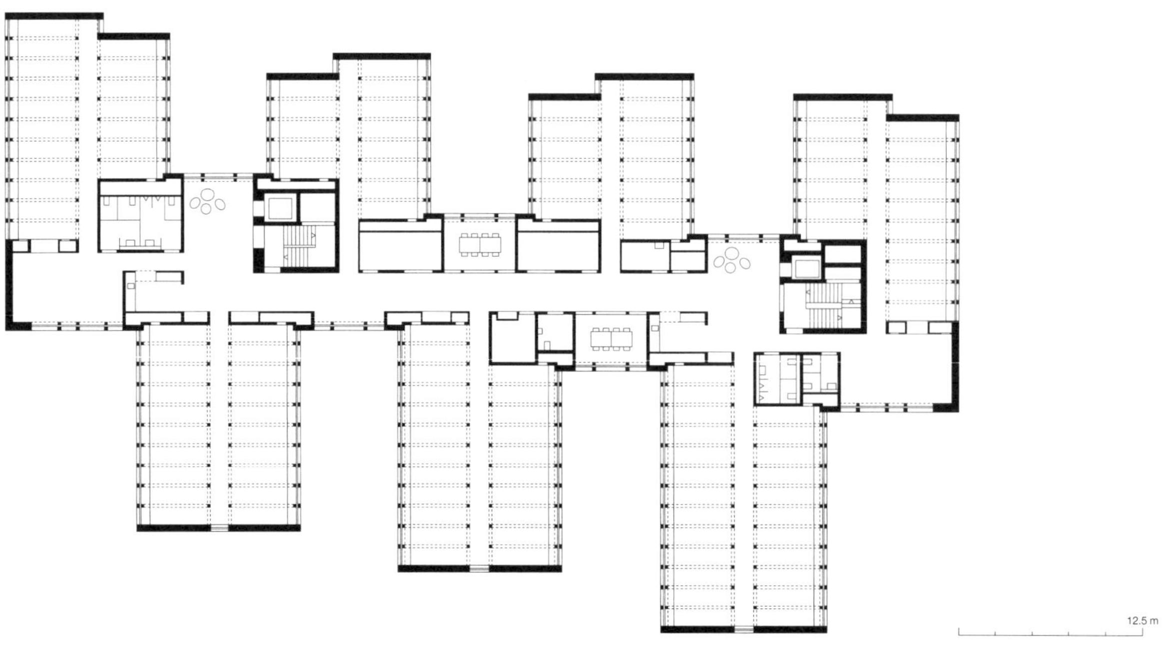
12.5 m

Sicrall

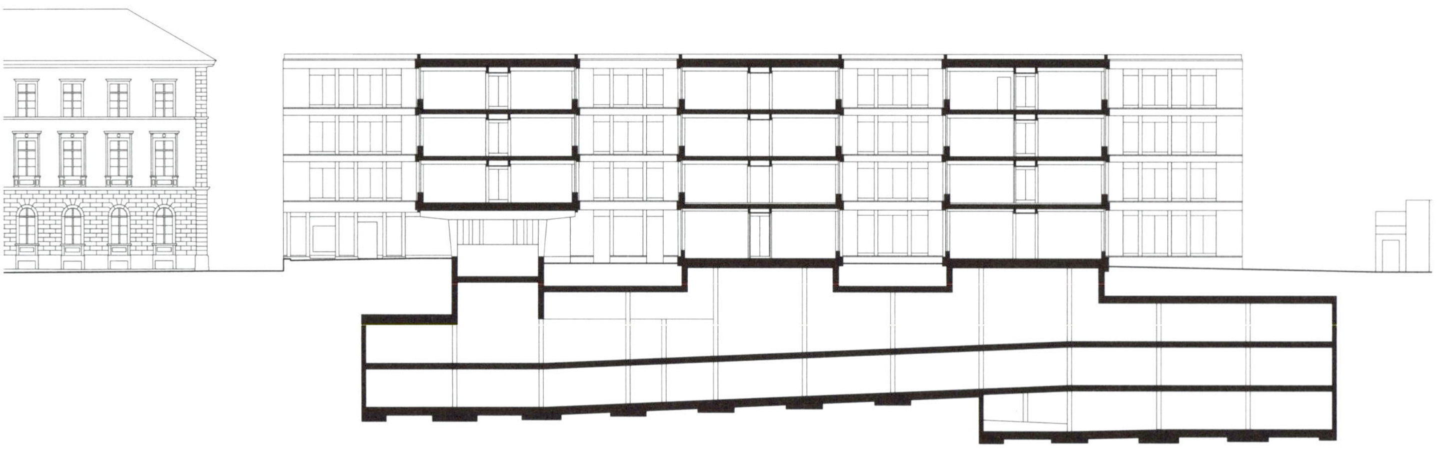
12.5 m

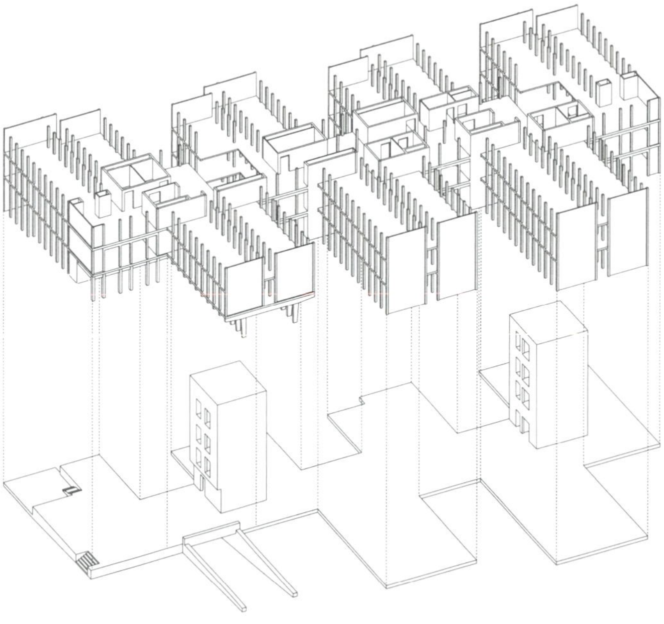

WEGE DURCH DAS LEBEN

Judit Solt

Die Menschlichkeit einer Gesellschaft misst sich unter anderem an ihrem Umgang mit den Schwächsten. Dies gilt auch für die Architektur: Ein wichtiger Indikator für die Qualität des gebauten Lebensraums ist die Frage, inwiefern er den sich wandelnden Bedürfnissen unterschiedlicher Menschen – auch der Schwächsten – gerecht zu werden vermag. Dabei wird der Umstand, dass niemand ein Leben lang zu den Starken gehört, gern ausgeblendet. Doch Menschen mit Kinderwagen oder Einkaufstaschen, an Krücken oder am Rollator, mit geistigen oder körperlichen Einschränkungen, die Jüngsten und die Ältesten, die Kranken und die Verunfallten, die sozial Schwachen, die Benachteiligten, Vergessenen und Verstossenen – das sind nicht die anderen, das sind wir alle. Jede und jeder zählt in bestimmten Lebensphasen zu ihnen.

Einschränkungen sind nicht die Ausnahme, sondern die Regel der *conditio humana.* «Special needs» sind nicht speziell, sondern allen Menschen in unterschiedlichem Masse eigen; einzig ihre Dauer, Ausprägung und Intensität variieren. Eine inklusive Bauweise bedeutet deshalb nicht nur das Berücksichtigen von Normen und Vorschriften zugunsten bestimmter Bevölkerungsgruppen. Es geht auch um kulturelle und soziale Aspekte, um eine grundlegende architektonische Qualität, von der letztlich alle profitieren. Eine Architektur, die einen hochwertigen Lebensraum selbst für die Schwächsten schafft, kommt auch den Starken zugute.

Dennoch erfordert das Bauen für vulnerable Menschen besondere Sorgfalt. Bei solchen Aufgaben ist architektonische Qualität nicht nur eine erstrebenswerte kulturelle Leistung, sondern auch moralische Verpflichtung. Die Menschen, für die gebaut wird, haben meist nicht das Glück, ihren Aufenthaltsort wählen oder gestalten zu können. Sie sind der Architektur ausgeliefert. Je eingeschränkter ihre Mobilität und je kürzer ihr Bewegungsradius, desto direkter hängt ihr Wohlbefinden an der Qualität des verbleibenden Lebensraums; desto entscheidender ist, dass das schwindende Territorium, mit dem sie sich begnügen müssen, ein echtes Zuhause ist. Dafür müssen Räume funktional sein, aber auch Identifikation und Orientierung bieten, Beziehungen fördern, Gemeinschaft und Rückzug erlauben, anregen und inspirieren.

Wie Entwerfende derart sensible Aufgaben angehen, verrät viel über ihre architektonische Grundhaltung. Bei Gäumann Lüdi von der Ropp offenbart sich eine respektvolle, feinfühlige Sichtweise. Sie zeugt von der gleichen wertschätzenden Haltung, die auch ihren Umgang mit dem gebauten Bestand kennzeichnet (vgl. «Wege der Versöhnung», Seite 82–85), und zeugt von einem zutiefst menschenfreundlichen, lebensbejahenden Ansatz.

Pflegezentrum Witikon, Zürich
Hauptgebäude, vor und nach der Sanierung
Witikon care centre, Zurich
Main building before and after renovation

Wohnräume für die Schwächsten

Besonders deutlich wird diese Grundhaltung, wenn sie auf ihren Gegensatz stösst. Ein herausragendes Beispiel ist die Gesamterneuerung des Pflegezentrums Witikon in Zürich (vgl. Seite 100–107). Dessen Entwicklung belegt, wie unterschiedlich Architekturschaffende die Entwurfsaufgabe, für betagte Menschen zu bauen, auffassen können, wie sie diese Auffassung räumlich umsetzen und welche Lebenswelten daraus resultieren. Dabei steht dieses Projekt nicht nur für die Gestaltung hochwertiger Wohn-, Arbeits- und Lebensräume, sondern auch für das Potenzial des Weiterbauens, die zeitliche Verbindung zwischen Alt- und Neubau (vgl. «Wege der Versöhnung», Seite 82–85).

Das Pflegezentrum Witikon in Zürich stammt aus den frühen 1980er-Jahren. Der Komplex aus hoch aufgetürmten, mehrheitlich geschlossenen Volumen thronte mit der wuchtigen Präsenz einer modernistischen Trutzburg über dem See. Diese Gestaltung

PATHS THROUGH LIFE

Judit Solt

The humanity of a society is measured, among other things, by the way it treats its most vulnerable members. The same applies to architecture: an important indicator of the quality of the built environment is the degree to which it can respond to the changing needs of different people, including the most vulnerable. All too readily, we forget that no one stays strong all their life. People with prams or shopping bags, on crutches or walking frames, with mental or physical impairments, the youngest and the oldest, the sick and the injured, the socially disadvantaged, the marginalised, the forgotten and the excluded; they are not others, they are all of us. At one time or another in life, each of us is one of them.

Limitations are not the exception but the rule of the *conditio humana*. "Special needs" are not special, but something everyone experiences to varying degrees; only their duration, form and intensity differ. Inclusive architecture therefore means more than the application of standards and regulations for particular population groups. It also encompasses cultural and social dimensions, a fundamental architectural quality from which everyone ultimately benefits. Architecture that creates a high-quality living environment even for the most vulnerable also benefits the strong.

Nevertheless, designing for vulnerable people demands particular care. In such projects, architectural quality is not only a desirable cultural achievement but also a moral obligation. The people for whom these buildings are made rarely have the privilege of choosing or shaping the places in which they live. They are at the mercy of architecture. The more limited their mobility and the smaller their radius of movement, the more directly their well-being depends on the quality of the spaces available to them; the more important it becomes that this reduced world truly feels like home. For that to happen, spaces must be functional but also offer identity and orientation, enable social interaction, provide privacy, and stimulate and inspire.

How designers approach such sensitive tasks reveals a great deal about their underlying architectural approach. With Gäumann Lüdi von der Ropp, a respectful and finely attuned perspective becomes apparent. It reflects the same appreciative approach that characterises their treatment of the existing fabric (see *Paths of reconciliation,* p. 82–85) and demonstrates a deeply humane, life-affirming outlook.

Raumbildende Lichtführung im neuen Erdgeschoss / Modellstudie
Light as a spatial element on the new ground floor / Study model

Living spaces for the most vulnerable

This fundamental attitude becomes most evident when it encounters its inverse. A striking example is the comprehensive renewal of the Witikon care centre in Zurich (see p. 100–107). The project's development illustrates how differently architects can interpret the task of designing for elderly people, how they translate that understanding spatially, and what kinds of living environments result. The project exemplifies not only the creation of high-quality spaces for living, working and daily life, but also the potential of Weiterbauen: the temporal connection between old and new construction (see *Paths of reconciliation,* p. 82–85).

The Witikon care centre in Zurich dates from the early 1980s. The complex of tall, largely closed volumes once loomed over the lake with the massive presence of a modernist fortress. This design, which at the time earned it the *Gute Bauten der Stadt Zürich* award, also provoked irritation. Particularly criticised

hatte ihm seinerzeit die Auszeichnung «Gute Bauten der Stadt Zürich» eingebracht, führte jedoch zu Irritationen. Als besonders kritisch erwies sich die streng vertikal gegliederte, mit tiefen Nischen und schlitzartigen Öffnungen versehene Muschelkalkfassade. Zweifellos fotogen, aber abweisend, liess sie wenig Tageslicht ins Innere. Die Folge waren düstere, von der schönen Aussicht getrennte Aufenthaltsräume und unterirdische Arbeitsplätze ohne Tageslicht.

Gäumann Lüdi von der Ropp nutzten die Behebung betrieblicher und energetischer Mängel, um die Aufenthaltsqualität zu verbessern. Sie erhielten die Grundstruktur der Anlage, transformierten jedoch ihren Charakter grundlegend. Sie ergänzten den Park mit Innenhöfen, die Tageslicht in unterirdische Räume bringen. Die Rampe zur Tiefgarage, die einst den Haupteingang versperrte, ersetzten sie durch eine Zufahrt am Parzellenrand; neu markieren Gärten und ein Platz die Ankunft. Im Erdgeschoss bilden Empfang, Cafeteria und Festsaal ein Raumkontinuum mit freundlicher, hotelartiger Anmutung. Die Bettengeschosse wurden zu hellen Pflegebereichen umgestaltet. Die Zimmer erhielten grössere Fenster; die Aufenthaltsbereiche wurden erweitert, mit Loggien versehen und differenziert materialisiert, um auf engem Raum abwechslungsreiche Atmosphären zu schaffen. Auf den Dächern der unteren Geschosse entstanden Demenzgärten als sichere Rückzugsorte.

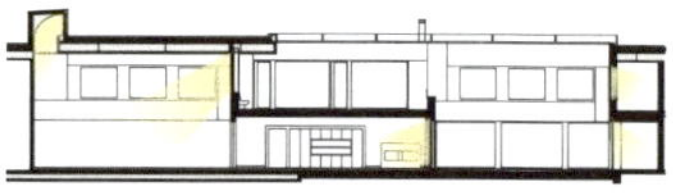

Altersheim Wildbach, Zürich
Lichtführung / Raumstudien
Wildbach retirement home, Zurich
Light and spatial studies

Wohnräume für alle

Verwandte Beispiele sind der Neubau des Pflegeheims und Sozialzentrums St. Mamertus in Triesen (vgl. Seite 52–59) oder der Umbau des Altersheims Wildbach in Zürich (vgl. Seite 94–99). Bei Letzterem sahen sich die Architekturschaffenden ebenfalls mit fensterlosen Aufenthaltsräumen konfrontiert – und sorgten für Innenhöfe, Tageslicht, vielfältige Aus- und Durchblicke, zusätzliche Aussenräume und räumliche Verschränkungen.

Beim Wohnensemble mit integrierter Beschäftigung Sonnenburg in Weinfelden (vgl. Seite 10–15) wiederum galt es, eine Lebenswelt für sozial Benachteiligte zu bauen. Dies gelang durch zwei Neubauten mit Wohngruppen, die zusammen mit einem bestehenden Werkstattgebäude einen Platz ausscheiden. Die Architektur zeugt von der bedingungslosen Akzeptanz der Anforderungen, die es zu berücksichtigen galt, und von deren feinfühliger räumlicher Interpretation. Die Treppenhäuser etwa mussten als Raucherzonen dienen; sie sind aussenliegend und offen, aber liebevoll als windgeschützte Aufenthaltsräume gestaltet, mit Orientierung auf den Platz, gepflegter Materialisierung und schönen Licht- und Schattenspielen. So wurde aus der Not der teilweise suchtkranken Bewohnenden ein identitätsstiftendes architektonisches Element, das sich ebenso würdevoll zum öffentlichen Raum wendet wie die Balkone im historischen Dorfkern.

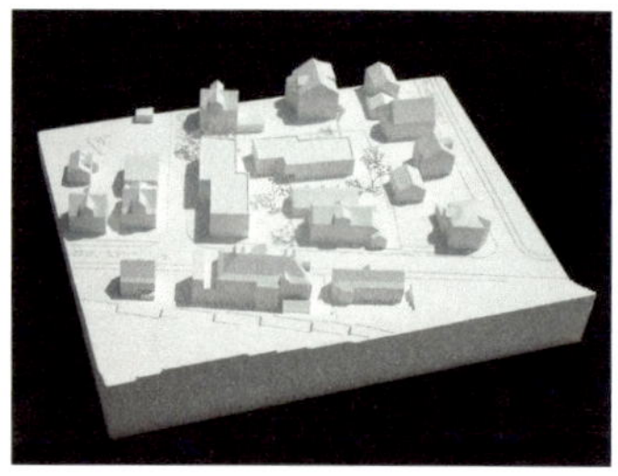

Wohnheim Sonnenburg, Weinfelden
Modell 1:500
Sonnenburg Residential Home, Weinfelden
Model 1:500

Diese lebensbejahende Grundhaltung von Gäumann Lüdi von der Ropp beschränkt sich nicht auf Bauten für Menschen mit Benachteiligungen. Ihre an schwierigsten Umständen geschulte, feinfühlige Entwurfspraxis kommt auch anderen Bauaufgaben zugute. Insbesondere beim Wohnungsbau beschäftigen sie sich mit räumlicher Qualität auf beschränkter Fläche. So würden sich die Wohnungen der Alterssiedlung Blumenfeld in Altstätten (vgl. Seite 10–15) genauso gut für andere Altersgruppen eignen: Jüngere schätzen ebenfalls einladende Eingangshallen, raffinierte Grundrisse mit flexibel nutzbaren Räumen, differenzierte Wege und Blickbezüge durch Innen- und Aussenräume, kompakte Anordnung und grosszügige Anmutung. Auch die 180 unterschiedlich grossen Wohnungen im Zentrum Tödi (vgl. Seite 68–73) zeichnen sich durch kompakte Grundrisse aus, die diverse Interpretationen und Lebensformen für alle Altersgruppen erlauben; gemeinsam ist ihnen die mindestens zweiseitige Orientierung. Dass das Ensemble auch einen Kindergarten und ein Alterszentrum enthält und dass alle Häuser durch einen gedeckten Weg verbunden sind, bringt das Thema des Wohnens in allen Lebenslagen schon fast symbolisch auf den Punkt.

was the strictly vertical composition of the shell limestone façade, articulated by deep recesses and slit-like openings. Photogenic, but also forbidding, it admitted little daylight to the interior. This led to dark communal areas cut off from the lake view, and underground workplaces without daylight.

Gäumann Lüdi von der Ropp used the need to remedy operational and energy deficiencies as an opportunity to enhance the quality of the interior spaces. They retained the basic structure of the complex but transformed its character completely. The park was supplemented with sunken courtyards that bring daylight into the lower levels. The ramp to the underground car park, which had once blocked the main entrance, was replaced by a new access road along the edge of the site; gardens and a forecourt now mark the point of arrival. On the ground floor, reception, cafeteria and event hall form a continuous spatial sequence with a bright, hotel-like character. The ward floors were redesigned as light-filled care areas. The individual rooms were given larger windows, the communal spaces were extended and equipped with loggias, and the varied material palette creates a sense of richness within the compact floor plans. On the roofs of the lower volumes, dementia gardens now offer secure outdoor areas for residents.

Speisesaal vor und nach dem Umbau
Dining hall before and after the conversion

Living spaces for all

Related examples include the new care home and social centre St Mamertus House in Triesen (see p. 52–59) and the conversion of the Wildbach retirement home in Zurich (see p. 94–99). In the latter, the architects were likewise confronted with windowless communal rooms and responded with interior courtyards, daylight, varied views, visual connections, additional outdoor areas and interlocking spatial sequences.

At the Sonnenburg residential home in Weinfelden (see p. 10–15), the task was to create a living environment for socially disadvantaged people. This was achieved through two new residential buildings with group flats, which together with an existing workshop building define a central square. The architecture demonstrates both unconditional acceptance of the given requirements and their sensitive spatial interpretation. The stairwells, for example, had to serve as smoking areas; placed externally and open to the air, they are nonetheless designed as carefully detailed, sheltered spaces, oriented towards the square, with refined materials and subtle plays of light and shadow. From the residents' needs, some of whom suffer from addiction, arose an identity-forming architectural element that turns towards the public realm with the same dignity as the balconies in the historic village centre.

This life-affirming approach by Gäumann Lüdi von der Ropp is not limited to buildings for people with disadvantages. Their finely attuned design practice, refined through the most challenging circumstances, also enriches other building tasks. In their housing projects in particular, they focus on creating spatial quality within compact footprints. The flats in the Blumenfeld senior housing complex in Altstätten (see p. 10–15), for instance, would suit younger residents just as well: they, too, value inviting entrance halls, well-considered layouts with flexible rooms, layered routes and sightlines between interior and exterior spaces, and a compact yet generous sense of space. The 180 flats of varying size in the Tödi centre (see p. 68–73) are marked by compact layouts that lend themselves to many ways of living across all stages of life; all share the quality of being open to at least two sides. The inclusion of a kindergarten and a care centre, together with the covered walkway linking all the buildings, symbolises in built form the idea of living through every stage of life.

Alterswohnungen und
Pflegeheim Blumenfeld, Altstätten
Modellstudie Gesamtanlage
Blumenfeld Senior Housing Complex, Altstätten
Site model study

HAUS BRAMBERG, NEUENEGG
Wohnen im Stöckli

BRAMBERG HOUSE, NEUENEGG
Living in a *Stöckli*

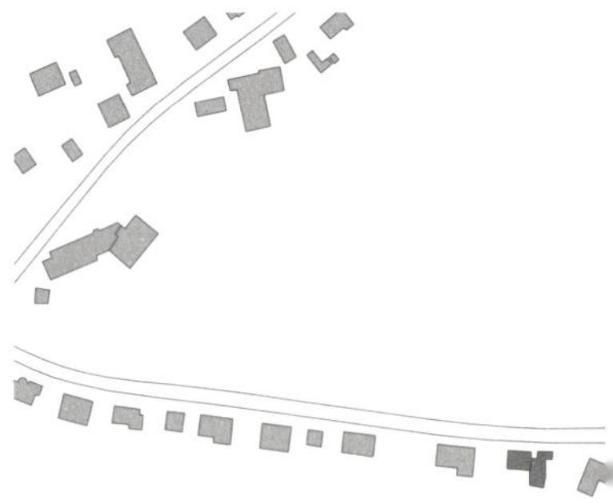

Auf der Restfläche neben einem Einfamilienhaus aus den 1970er-Jahren sollte ein Stöckli für zwei Personen entstehen. Die präzise Setzung schafft sowohl Distanz als auch Nähe zum Bestand: Der Neubau nutzt die topografische Situation und den freien Blick in die Berner Alpen, gleichzeitig spielt er sich mit seinem asymmetrischen Volumen, seiner komplexen Dachabwicklung und seiner eigenwilligen Fassade vom Einfamilienhaus frei.

Zusammen mit einem Schopf zur Lagerung von Holz, der ebenfalls neu zu errichten war, scheidet der Neubau einen kleinen Hof aus, der eine separate Erschliessung beider Wohnbauten ermöglicht. Aus dem Schopf entwickelt sich auch das Fassadenthema für das beheizte Volumen: Unbehandelte Rundhölzer oder «Trämmel» in Fichte sind als hinterlüftete Hülle zwischen Sockel und Dach aufgespannt. Die plastische Struktur und die Vertikalität der Holzfassade lassen Schopf und Stöckli als Einheit erscheinen.

Das Erdgeschoss ist als fliessende Raumsequenz von Eingangsbereich, Essen und Wohnen konzipiert. Die Küche ist über Schiebewände abtrennbar; Panorama- und Terrassenfenster öffnen sich zum Aussenraum, der von einer mächtigen Eiche gefasst wird. Im Obergeschoss sind Bad, Schlaf- und Arbeitszimmer um ein lichterfülltes Treppenhaus organisiert.

Konstruktiv ist das Stöckli ein Holzständerbau. Im Inneren ist diese Struktur unsichtbar; die Räume sind formal reduziert, die durchgehenden Oberflächen mit unbehandeltem Feinabrieb, mattweissem Täfer, Spachtelboden und Eichenparkett schlicht materialisiert. Die «Trämmel» in der Fassade dagegen, deren ungleichmässige Alterung zum Gestaltungskonzept gehört, können auch als Referenz an die unsichtbare Holzstruktur gelesen werden.

On the remaining plot beside a single-family house from the 1970s, a *Stöckli*, or small secondary dwelling, for two people was to be built. The precise placement creates both distance and proximity to the existing building: taking advantage of the topography and the open view towards the Bernese Alps, the new house distinguishes itself from the older one through its asymmetrical volume, complex roof geometry and distinctive façade.

Together with a newly built shed for storing firewood, the house defines a small courtyard that allows separate access to both dwellings. The shed also inspired the façade concept of the heated volume: untreated spruce logs, or *Trämmel,* are stretched vertically between plinth and roof as a ventilated skin. The sculptural structure and vertical rhythm of the timber façade give the shed and *Stöckli* a unified appearance.

The ground floor is conceived as a flowing spatial sequence of entrance, dining and living areas. The kitchen can be closed off with sliding partitions; panoramic and terrace windows open onto the outdoor space framed by a large oak tree. On the upper floor, the bathroom, bedroom and study are organised around a light-filled stairwell.

Structurally, the *Stöckli* is a timber-frame construction. Inside, this construction remains invisible: the rooms are formally restrained, with continuous surfaces of untreated fine plaster, matt white timber panelling, trowelled screed flooring and oak parquet. The uneven weathering of the façade's *Trämmel* is part of the design concept and subtly recalls the concealed timber structure.

Direktauftrag: 2009
Fertigstellung: 2010
In Zusammenarbeit mit: Roberto Azzola, Architekt
Bauherrschaft: Privat
Bauleitung: Pawlik + Wiedmer GmbH

Competition: 2009
Completion: 2010
In collaboration with: Roberto Azzola, Architekt
Client: private
Site management:
Pawlik + Wiedmer GmbH

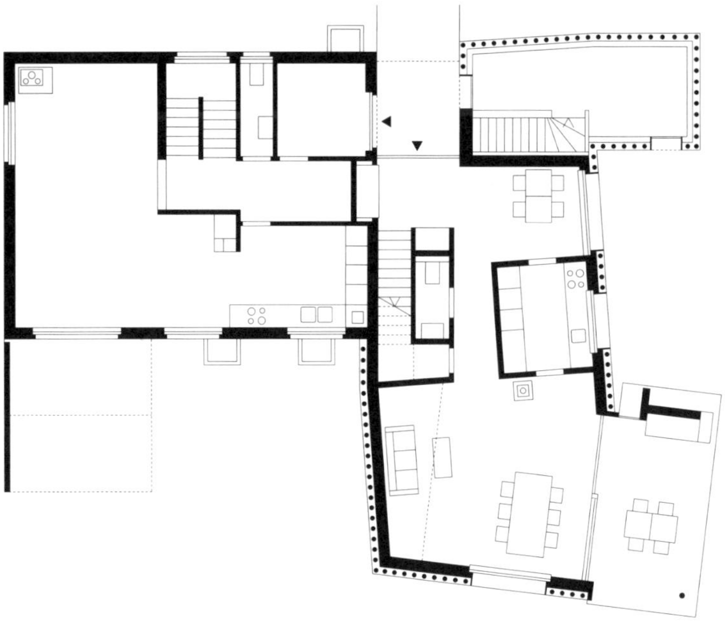

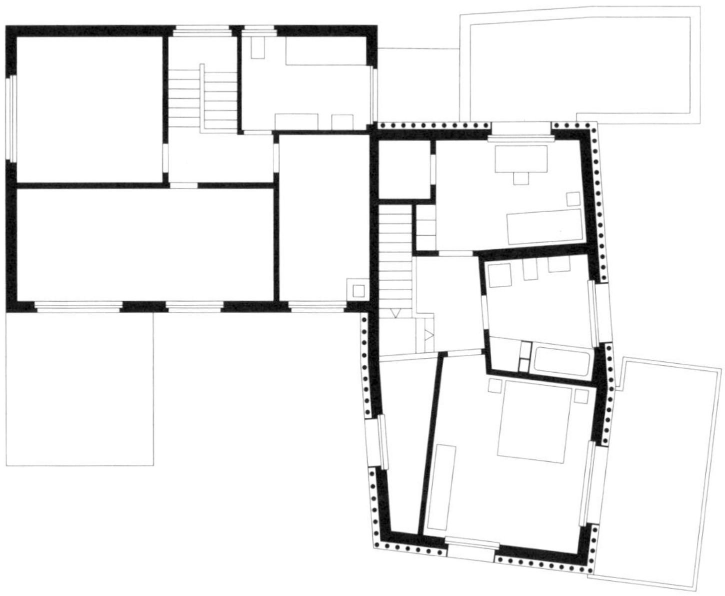

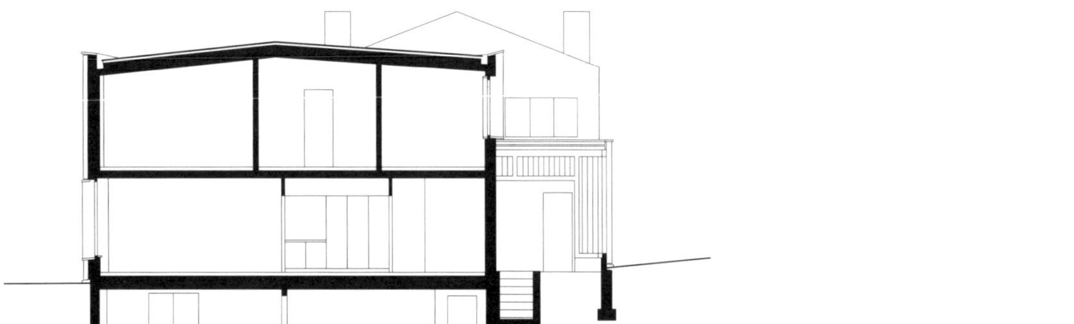
5 m

HAUS ST. MAMERTUS, TRIESEN, LIECHTENSTEIN

Neubau Pflegeheim mit Anbindung an Sozialzentrum

ST MAMERTUS HOUSE, TRIESEN, LIECHTENSTEIN

New care home connected to a social centre

Das Haus St. Mamertus bietet für betagte Personen sowie Bewohnende mit psychischen und physischen Beeinträchtigungen einen geschützten, aber dennoch offenen Rahmen zum Leben und Arbeiten. Es liegt mitten im Dorf, direkt an der viel befahrenen Landstrasse nach Vaduz. An diesem exponierten Ort entfaltet der Neubau eine starke Präsenz. Auf der Strassenseite bilden Betonrippen ein strenges Raster, dynamisiert durch wechselnde Tiefen, Vor- und Rücksprünge und Schattenspiele. Die Balkonschicht dient zugleich als Filter zwischen Strassenraum und Wohnen. Der zweigeschossig überdeckte Haupteingang formuliert die Adresse und die Einbindung in den öffentlichen Raum. Die rückwärtige Putzfassade schafft eine Verbindung zum bestehenden Gebäude.

Der Neubau enthält 38 Zimmer sowie Therapie- und Gemeinschaftsräume, eine öffentliche Cafeteria, einen Mehrzwecksaal und eine Kapelle. Die öffentlichen Funktionen sind auf Strassenniveau angeordnet. Die Treppen, der Innenhof und der doppelgeschossige Mehrzweckraum verbinden die beiden unteren Etagen räumlich-funktional, mit grosszügigen Verschränkungen und vielfältigen Aussenbeziehungen. Halböffentliche Nutzungen befinden sich im ersten Obergeschoss, das sich auf der Rückseite ebenerdig zum Schulhof öffnet. Obstgarten, bepflanzter Vorplatz, hofartiger Senkgarten und Terrassen bieten differenzierte Aufenthaltsqualitäten.

Die Pensionszimmer sind in den drei weiteren Obergeschossen untergebracht. Alle Korridore erlauben Rundgänge und sind als Begegnungszonen ausgebildet. In den Innenräumen herrscht eine ruhige, sinnliche Atmosphäre. Formal reduzierte, hochwertige Materialien – gedämpftes Holz, Putz, Glasmosaik, kräftige Farbakzente – erzeugen eine hotelartige Wohnlichkeit. Die Räume entwickeln eigene Stimmungen und bleiben dennoch Teil eines kohärenten Ganzen.

St Mamertus House provides a protected yet open setting for living and working for elderly residents and for people with psychological or physical impairments. Situated in the centre of the village, directly along the busy road to Vaduz, the new building asserts a strong presence in this prominent location. On the street side, concrete ribs form a strict grid animated by alternating depths, projections, recesses and shifting shadow effects. The balcony layer doubles as a filter between traffic and the living areas. A double-height entrance canopy defines the address and integrates the building into the public realm. To the rear, a rendered façade connects the new structure to the existing building.

The new building contains 38 rooms, together with therapy and communal spaces, a public cafeteria, a multipurpose hall and a chapel. The public functions are located at street level. Stairs, an inner courtyard and the double-height multipurpose room connect the two lower floors spatially and functionally, creating generous interlocking volumes and varied outdoor relationships. Semi-public uses are situated on the first floor, which opens level with the schoolyard at the rear. The orchard, planted forecourt, sunken courtyard and terraces offer a range of outdoor qualities.

The residential rooms occupy the three upper floors. All corridors create circular routes and are designed as zones of encounter. The interior is characterised by a calm, sensory atmosphere. Formally restrained, high-quality materials inlcuding muted wood, plaster, glass mosaic and strong colour accents create a hotel-like level of comfort. The spaces develop distinct moods while remaining part of a coherent whole.

Wettbewerb: 2008
Fertigstellung: 2012
Bauherrschaft: Liechtensteinische Alters- und Krankenhilfe (LAK)
Bauleitung: Planbar AG
Landschaftsarchitektur: Balliana Schubert Landschaftsarchitekten AG
Signaletik: Jonas Schoder und Cornelia Staffelbach
Lichtplanung: Priska Meier
Kunst und Bau: Ruth Gschwendtner-Wölfle

Competition: 2008
Completion: 2012
Client: Liechtensteinische Alters- und Krankenhilfe (LAK)
Site management: Planbar AG
Landscape architecture: Balliana Schubert Landschaftsarchitekten AG
Wayfinding: Jonas Schoder and Cornelia Staffelbach
Lighting design: Priska Meier
Art commission: Ruth Gschwendtner-Wölfle

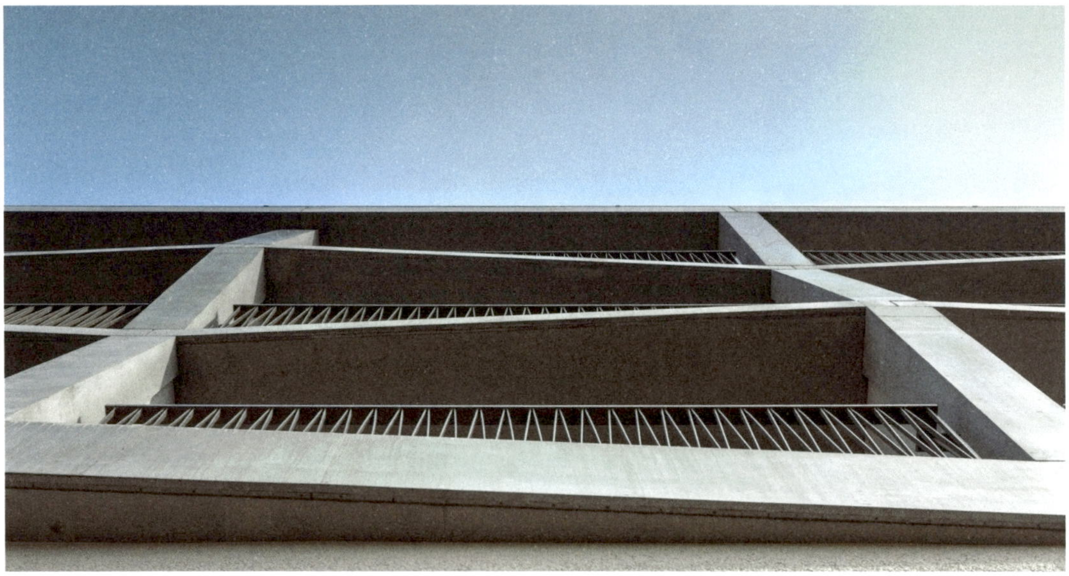

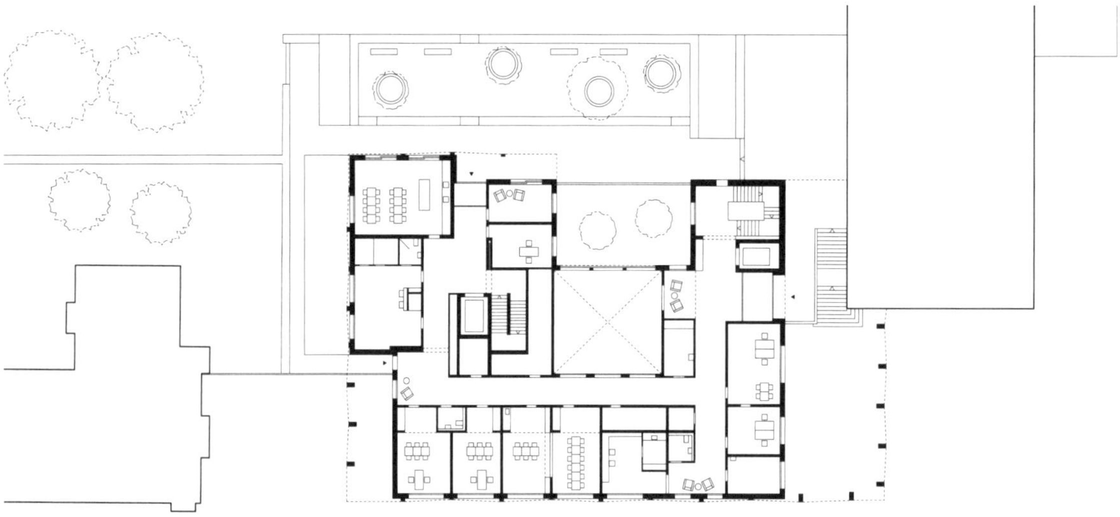

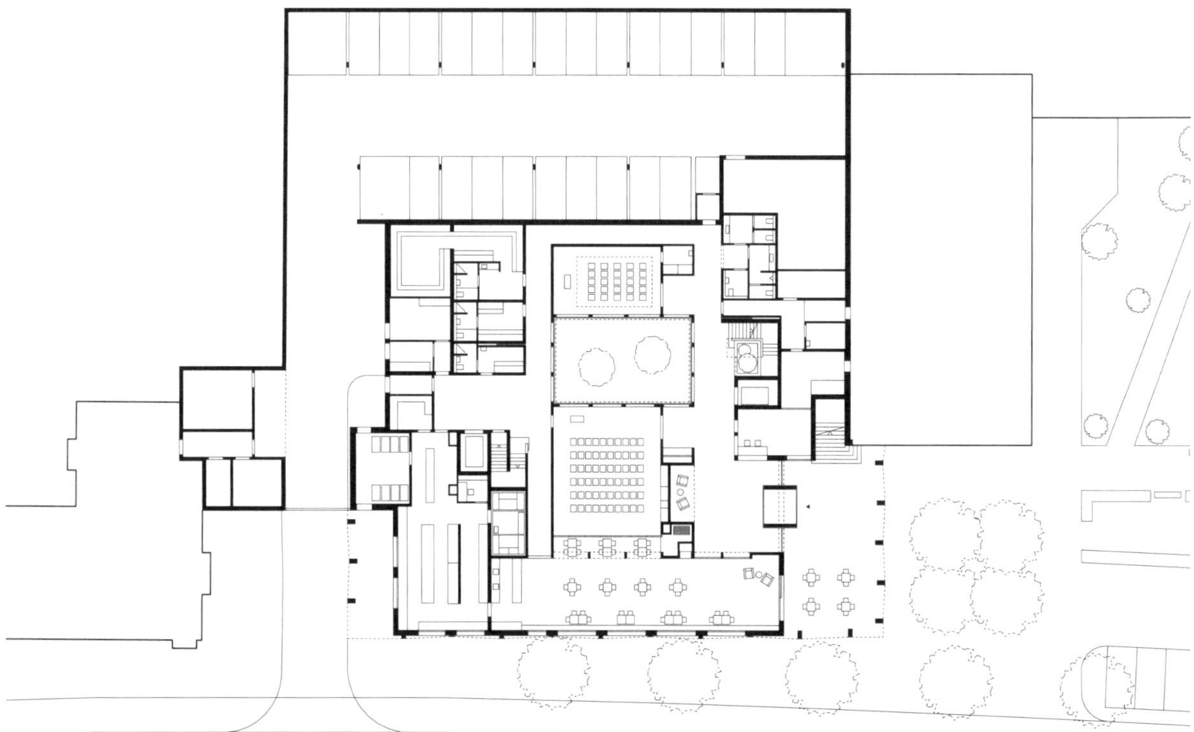

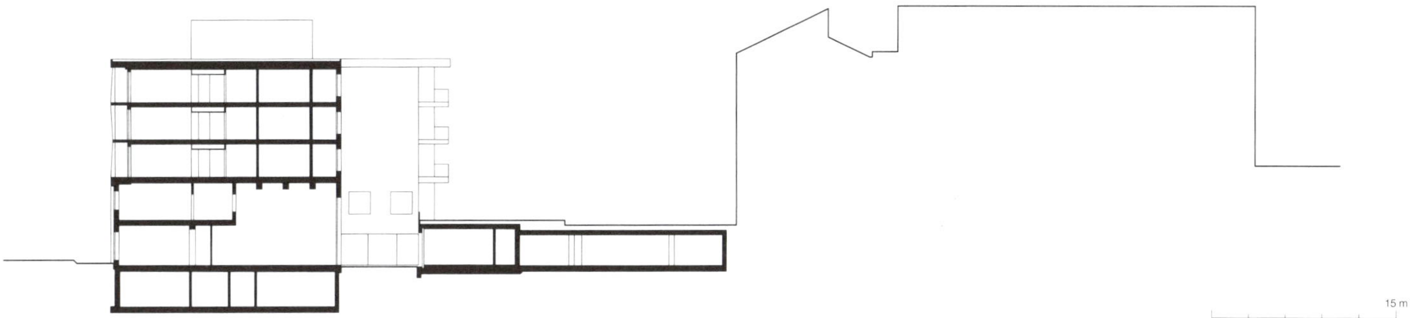
15 m

GESUNDHEITSZENTRUM BACHWIESEN, ZÜRICH
Hängende Gärten

BACHWIESEN HEALTH CENTRE, ZURICH
Hanging gardens

Die Anlage liegt in einem heterogenen, von Grünräumen geprägten Umfeld mit Familiengärten, Parks und Sportanlagen. Der Ersatzneubau greift die Anordnung und Qualitäten des Bestands auf: Mit demselben Hofbereich bewahrt er den schönen Garten und wertet die Vorfahrt und den Haupteingang auf. Die Kompaktheit schafft grosszügige Freiräume im Süden, Anlieferung und Garage befinden sich im Norden. Ziele sind eine harmonische, eigenständige Einbindung in den Grünraum und Effizienz im Betrieb. Vorgesehen ist ein Hauptvolumen mit einem offenen Annexbau als neues Element: ein Gartenturm mit vertikal gestaffelten Demenzgärten, der das Projekt identitätsstiftend prägt und einen geschützt erlebbaren, begrünten Raum für Menschen, Pflanzen und Tiere bildet.

Trotz seiner Höhe bleibt das Ensemble durch Massstäblichkeit, Materialität und den Fassadenrhythmus zurückhaltend. Die Fassaden zeichnen sich durch liegende Pflanztröge, zweigeschossige Fenster und einen textilen Charakter aus. Holz, Sichtbeton und Klinker prägen das Bild; die vertikale Begrünung mindert die Hitzeentwicklung und stärkt die atmosphärische Verbindung von Architektur und Landschaft. Der in Vorfahrt, Park, hängende Gärten und Anlieferung gegliederte Aussenraum schafft mit Staudenbeeten, schattigen Aufenthaltszonen und barrierefreien Wegen eine therapeutische Landschaft mit Sinnes- und Bewegungsangeboten. Das Gesundheitszentrum wird eher als Wohnhaus im Grünen denn als Institution wahrnehmbar.

Im Inneren folgt die Organisation klaren Abläufen. Die zentrale Lobby mit Empfang, Cafeteria und vertikalen Erschliessungen verbindet Neubau und Bestand; in den Wohngeschossen sind die Korridore Begegnungsräume mit Tageslicht. In den Abteilungen für demente Bewohnende führen direkte Zugänge zu den geschützten Aussenräumen des Gartenturms. Die wohnlichen Zimmer weisen tiefe Brüstungen, warme Materialien und flexible Möblierung auf.

The complex stands in a heterogeneous setting marked by green spaces, allotment gardens, parks and sports facilities. The replacement building adopts the layout and qualities of the existing: retaining the courtyard, it preserves the garden and upgrades the approach and main entrance. Its compact form creates generous open spaces to the south, while delivery and parking lie to the north. The aim is a harmonious yet distinct integration into the greenery, along with operational efficiency. A main volume with an open annex is proposed as a new element: a garden tower with vertically stacked dementia gardens that shape the project's identity and forms a sheltered, green space for people, plants and animals.

Despite its height, the ensemble remains restrained in scale, materials and façade rhythm. The façades include horizontal planters, double-height windows and a textile-like character. Timber, exposed concrete and brick define the building; the vertical greenery reduces heat gain and strengthens the atmospheric link between architecture and landscape. The outdoor spaces – approach, park, hanging gardens and delivery area – create a therapeutic landscape with perennial beds, shaded seating areas and barrier-free paths offering sensory and movement experiences. The health centre is perceived more a house in a garden than as an institution.

Inside, the layout follows clear routines. The central lobby with reception, cafeteria and vertical circulation links new and existing buildings; on the residential floors, the corridors are daylit social spaces. In the dementia units, direct access leads to the protected outdoor areas of the garden tower. The inviting rooms have deep window sills, warm materials and flexible furnishings.

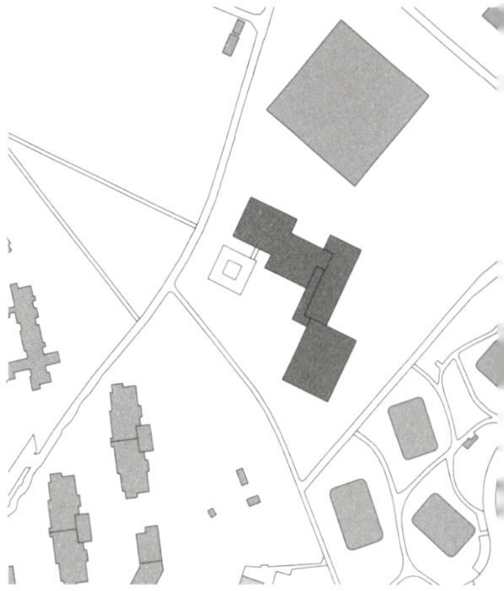

Wettbewerbsbeitrag: 2021

Competition: 2021

STIFTUNG VIVALA, WEINFELDEN

Drei Wohnhäuser für Kinder, Erwachsene und betagte Personen

VIVALA FOUNDATION, WEINFELDEN

Three residential buildings for children, adults and elderly people

Die 1966–1968 errichtete Anlage stammt von den Architekten Haldemann + Müller, die als Vertreter der Solothurner Schule ein geordnetes, ruhiges Ensemble schufen. Volumen und Aussenräume erzeugen ein Wechselspiel von Masse und Leere, rationaler Struktur und lebendiger Natur. Bei den Neubauten wurde dieses Thema von Ordnung und Struktur übernommen, formal und konstruktiv neu interpretiert und konsequent umgesetzt. Innerhalb des orthogonalen Rasters entstanden ein Neubau für Seniorinnen und Senioren, ein Ersatzneubau mit vier Erwachsenenwohngruppen und – als Folgeauftrag nach dem Wettbewerb für die ersten beiden Häuser – ein Kinderwohnhaus mit Anbindung an die Tagesschule.

Wie die bestehenden ordnen sich auch die neuen Bauten in das übergeordnete Raster der Anlage ein und greifen es in ihrer räumlichen Einteilung, ihrer Tragstruktur und ihren Fassaden auf. Im Gegensatz zum Bestand handelt es sich jedoch um Holzbauten, sowohl konstruktiv als auch in der Fassade, wobei ein differenziertes Fensterelement dafür sorgt, dass die Volumen eine spezifische Tektonik und einen verspielten Charakter erhalten.

Die Anlage bildet eine eigene Welt mit Wohnhäusern, Gärten, Schule, Gemeinschaftsräumen sowie Pflege- und Demenzabteilung. Vor allem aber ist sie das Zuhause von Menschen mit multiplen Behinderungen und aller Altersstufen. Deshalb orientieren sich die Neubauten am Wohnungsbau und vermeiden möglichst einen institutionellen Charakter. Die Anordnung der Räume pro Wohnung ist so organisiert, dass der Grad an Privatsphäre zunimmt: vom öffentlichen Aussenraum über den halböffentlichen Vorplatz, den gemeinschaftlichen Wohnraum und den halbprivaten Erschliessungsbereich bis ins eigene Zimmer. Um monotone Korridore zu vermeiden, ist die Erschliessung entweder als Rundgang um einen Innenhof organisiert oder als alternierende Abfolge von gedrungenen Räumen und hohen Hallen, sodass anregende Bereiche für Bewegung und Begegnung entstehen.

The complex, built between 1966 and 1968 by the architects Haldemann + Müller, is a quiet, well-ordered ensemble by representatives of the Solothurn School. Volumes and outdoor spaces create an interplay of mass and void, rational structure and living nature. The new buildings take up this theme of order and structure, reinterpret it formally and constructively, and implement it consistently. Within the orthogonal grid, a new building for elderly residents, a replacement building with four group flats for adults, and – as a subsequent commission following the competition for the first two buildings – a children's residence connected to the day school were created.

Like the existing buildings, the new ones follow the overall grid of the complex, adopting it in their spatial organisation, load-bearing structure and façades. In contrast to the original buildings, however, they are timber constructions, both structurally and in their façades. Differentiated window elements give the volumes their own tectonic rhythm and a playful character.

The ensemble forms a world of its own, comprising residential buildings, gardens, a school, communal spaces and facilities for care and dementia. Above all, however, it is home to people of all ages with multiple disabilities. For this reason, the new buildings are modelled on housing construction and deliberately avoid an institutional character. The layout of each flat is designed so that the degree of privacy increases progressively: from the public outdoor space to the semi-public forecourt, the communal living room, the semi-private circulation zone and finally to the individual bedroom. To avoid monotonous corridors, the circulation is either organised as a loop around an inner courtyard or as an alternating sequence of compact spaces and high halls, creating stimulating areas for movement and encounter.

Wettbewerb: 2018
Fertigstellung: 2023
Bauherrschaft: Stiftung Vivala
Generalunternehmung: raumwerk ag
Landschaftsarchitektur:
PR Landschaftsarchitektur GmbH
Holzbauingenieur:
Krattiger Engineering AG

Competition: 2018
Completion: 2023
Client: Stiftung Vivala
General contractor: raumwerk ag
Landscape architecture:
PR Landschaftsarchitektur GmbH
Timber engineer:
Krattiger Engineering AG

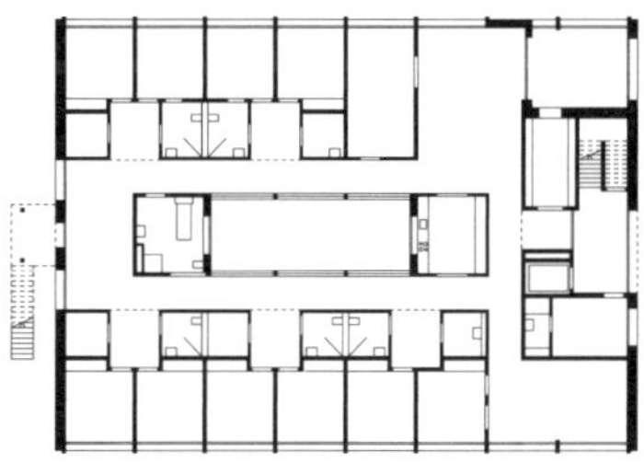

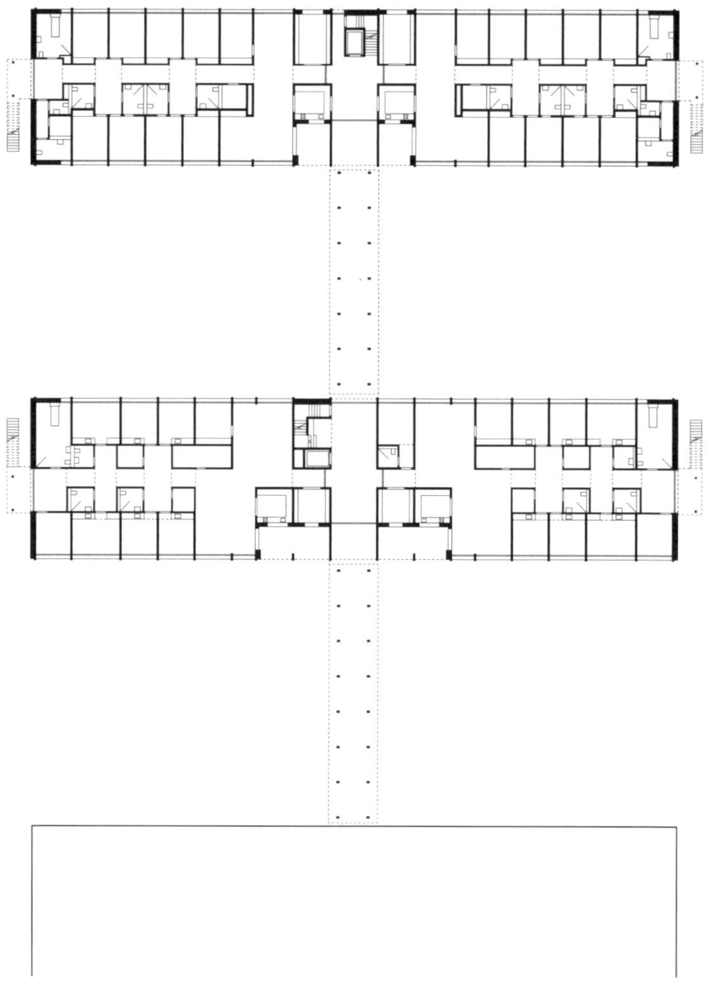

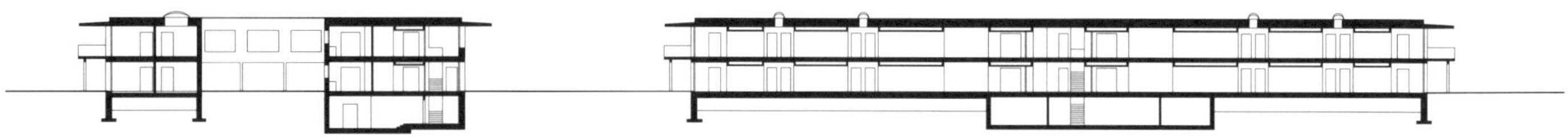

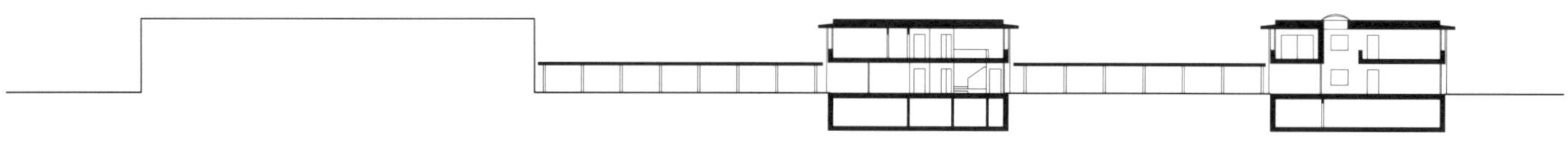

20 m

ZENTRUM TÖDI, HORGEN
Siedlung für generationendurchmischtes Wohnen: 180 Wohnungen, Pflegezentrum und Kindergarten

TÖDI CENTRE, HORGEN, ZURICH
Neighbourhood for intergenerational living: 180 flats, care centre and kindergarten

Die Gemeinde Horgen als Grundstückeigentümerin und die Baugenossenschaft Zurlinden als Bauträgerin und Baurechtsnehmerin planten gemeinsam ein generationenübergreifendes, umweltfreundliches Wohnquartier mit sozialverträglicher Prägung und hoher Wohn- und Lebensqualität. Da die Anforderungen an das Bauen für die 2000-Watt-Gesellschaft zu erfüllen waren, umfasste die Aufgabenstellung neben 180 Wohnungen mit einem 50-Prozent-Anteil von Alterswohnungen auch ein Pflegeheim mit 60 Betten, Clusterwohnungen als Alterswohngemeinschaften, einen Hort, einen Kindergarten, ein Restaurant und Gewerberäume für die Siedlung.

Die Siedlung bietet zukunftsgerichtete und flexible Wohnformen für Betagte, Jung und Alt, Alleinstehende, Familien und pflegebedürftige Menschen. Getrennt durch eine Quartierstrasse werden die zwei Parzellen in starker Hanglage nun über einen gemeinsamen Erschliessungsraum und die einheitliche Gestaltung der Gebäude zu einem neuen Ganzen gefügt. Dem Freiraum kommt besondere Bedeutung für das Quartier als Begegnungs- und Aufenthaltszone zu. Die Bauvolumen sind so orientiert, dass grosszügige Aussenräume entstehen – einerseits ein geschützter, ruhiger Wohnhof mit Südausrichtung, andererseits eine Ankunfts- und Aussichtsterrasse mit grandioser Seesicht. Ein gedeckter, horizontal auf einer Höhenlinie geführter Weg führt durch das Ensemble und knüpft an das bestehende Strassennetz an. Untereinander verbundene, schöne Aussenbereiche ermöglichen Ausblicke auf den See und auf die Albiskette.

Auch alle Wohnungen sind so sowohl zum See im Norden als auch zum Hang im Süden orientiert. Das Alterszentrum folgt den Wohnungsbauten in der Orientierung, der städtebaulichen Setzung und der Körnung. In der Projektentwicklung wurde grosser Wert auf Nachhaltigkeit gelegt. Alle Gebäude sind Holzbauten. In der Projektierung waren allseitige Photovoltaik-Fassaden geplant, zur Ausführung kam eine Holzfassade mit Regenwassersammlung für Grauwassernutzung und Erdsonden mit Freecooling.

The municipality of Horgen, as landowner, and the housing cooperative Zurlinden, as developer and leaseholder, jointly developed an intergenerational, environmentally friendly neighbourhood with a socially balanced character and a high quality of life. To meet the requirements of the 2000 Watt Society, the brief included not only 180 flats – half of them for older residents – but also a care home with 60 beds, cluster flats as shared senior households, a day-care centre, a kindergarten, a restaurant and commercial spaces for the neighbourhood.

The project offers forward-looking and flexible living arrangements for older residents, families, single people and those in need of care. Separated by a residential street, the two plots on the steeply sloping site are now united into a new whole through a shared circulation spine and the consistent architectural language of the buildings. The outdoor spaces play a key role in the neighbourhood as areas for encounter and recreation. The volumes are oriented to create generous open spaces: one side forms a sheltered, quiet courtyard facing south; the other, an arrival and viewing terrace with magnificent lake views. A covered path, running horizontally along a contour line, leads through the ensemble and connects to the existing street network. Interlinked, well-designed outdoor areas provide views over the lake and the Albis range.

All flats are oriented both towards the lake to the north and the hillside to the south. The care centre follows the residential buildings in orientation, urban positioning and scale. Sustainability was a central concern throughout the project's development. All buildings are timber constructions. While photovoltaic façades were initially planned on all sides, the executed design features timber cladding, rainwater collection for greywater use and geothermal boreholes with free cooling.

Wettbewerb: 2018
Fertigstellung Etappe 1: 2024
In Zusammenarbeit mit:
Schäublin Architekten AG
Bauherrschaft:
Baugenossenschaft Zurlinden
Bauleitung: Caretta Weidmann
Statik: Henauer Gugler AG
Landschaftsarchitektur: Haag Landschaftsarchitektur GmbH
Holzbauingenieur: SJB Kempter Fitze AG
HLKKS-Planung: HL-Technik AG

Competition: 2018
Completion, Phase 1: 2024
In collaboration with:
Schäublin Architekten AG
Client: Baugenossenschaft Zurlinden
Site management: Caretta Weidmann
Structural engineer:
Henauer Gugler AG
Landscape architecture:
Haag Landschaftsarchitektur GmbH
Timber engineer:
SJB Kempter Fitze AG
Mechanical services: HL-Technik AG

25 m

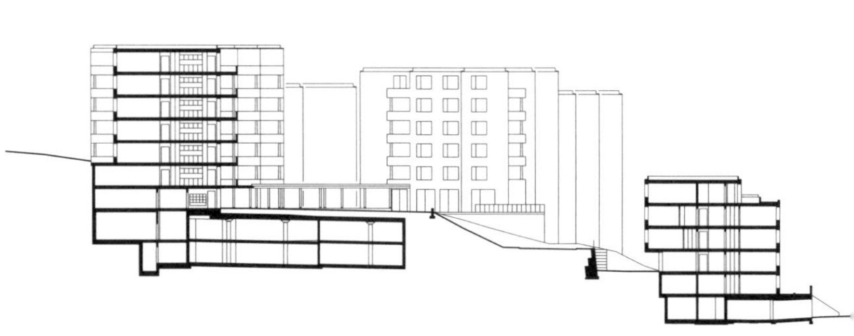

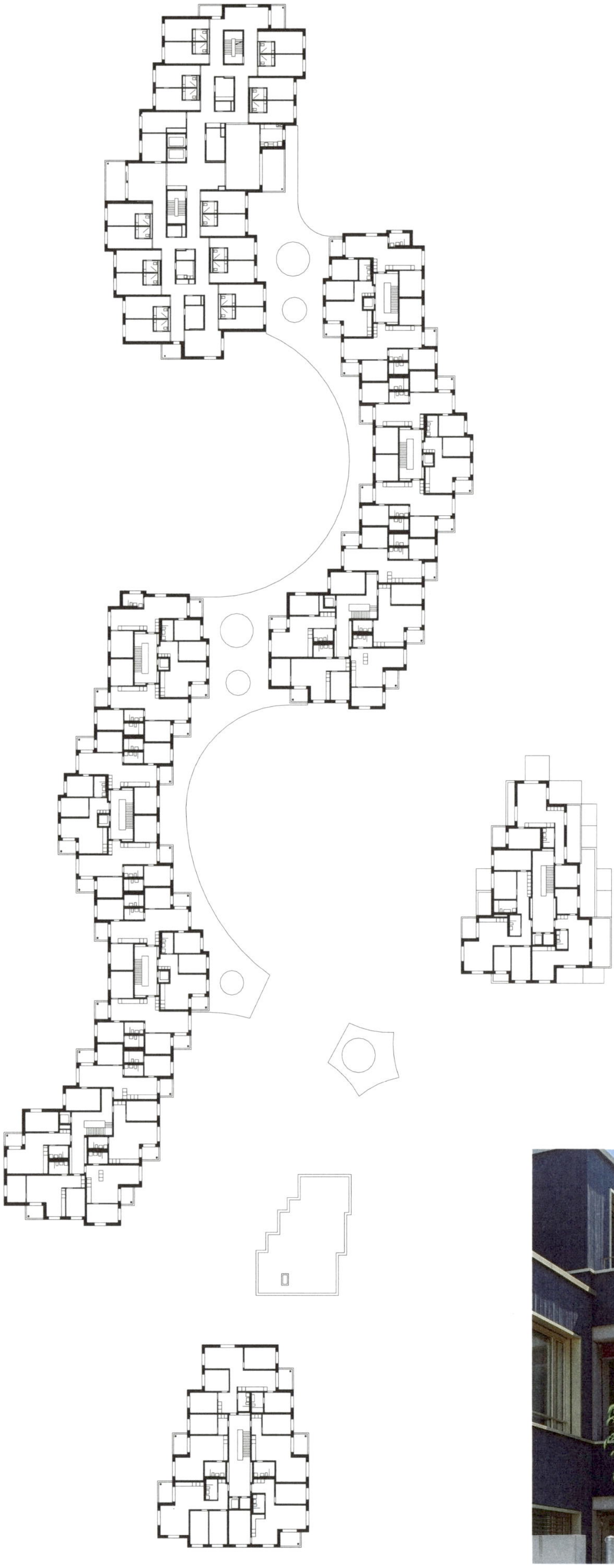

25 m

ALTERSSIEDLUNG BLUMENFELD, ALTSTÄTTEN

Neubauensemble für das Wohnen im Alter

BLUMENFELD SENIOR HOUSING COMPLEX, ALTSTÄTTEN, ST GALLEN

New residential ensemble for senior living

Die Anlage besteht aus zwei strassenseitigen Punktbauten mit Wohnungen und einem Gebäude im rückwärtigen Bereich der Parzelle, das in einer späteren Etappe realisiert wurde und ein kleines Pflegeheim und weitere Alterswohnungen beherbergt. Die Parzelle weist mit Blumenfeldern, Bäumen und einem renaturierten Bach ausserordentliche Qualitäten auf, die das Projekt weiter in Wert setzen: Ein gedeckter Wandelgang mit Aufenthaltsbereichen verbindet die drei Häuser, spannt eine kleine Brücke über den Bach und bildet das Rückgrat der Erdgeschosserschliessung. Daran angedockt ist eine Vorfahrt, die als Ankunftsort für Heim und Wohnhäuser dient, während ergänzende Fusswege zu Parkplatz und Bushaltestelle sich durch den Garten schlängeln.

The complex consists of two street-side point-access buildings with flats and a third building to the rear of the site, completed in a later phase, which contains a small care home and additional senior flats. The site itself, with its lawns with wildflowers and trees and a renaturalised stream, offers exceptional qualities that the project further enhances. A covered walkway with seating areas links the three houses, spans a small bridge over the stream and forms the backbone of the ground-floor circulation. Connected to it is a forecourt that serves as the arrival point for the care home and flats, while winding footpaths lead through the garden to the car park and bus stop.

Wettbewerb: 2014
Fertigstellung Alterswohnungen: 2018
Fertigstellung Pflegeheim: 2025
Bauherrschaft: Genossenschaft Alterswohnungen Blumenfeld
Bauleitung Alterswohnungen: Bandel AG Architekten
Landschaftsarchitektur: Hoffmann & Müller Landschaftsarchitektur GmbH

Competition: 2014
Completion, senior flats: 2018
Completion, care home: 2025
Client: Genossenschaft Alterswohnungen Blumenfeld
Site management, senior flats: Bandel AG Architekten
Landscape architecture: Hoffmann & Müller Landschaftsarchitektur GmbH

Die beiden Wohnbauten zur Strasse hin sind in Einsteinmauerwerk mit Kratzputz materialisiert, mit Brüstungen in vorfabrizierten Betonelementen. Ihre Volumetrie und Massstäblichkeit sind sorgfältig artikuliert; sie vermitteln zwischen den kleinteiligen Einfamilienhäusern, den grossformatigen öffentlichen Bauten und dem generösen Grünraum des Friedhofs. Die öffentlichen Nutzungen im Erdgeschoss – Büros und Kursräume der Pro Senectute – verstärken die Öffnung zur Nachbarschaft. Zudem schafft die bewegte Abwicklung der Bauten eine Verzahnung mit dem Grünraum und ermöglicht eine mehrseitige Orientierung der Wohnungen.

Diese sind in den Obergeschossen untergebracht, jeweils vier um einen zentralen Treppenhauskern herum; jede profitiert von drei Ausrichtungen, eine davon nach Süden. Die Grundrisse sind alle vom gleichen Typus: Eine von raumbildenden Möbelwänden gefasste Halle erschliesst flexibel nutzbare Zimmer, altersgerechte Nasszellen und einen offenen Wohn-Essbereich. Französische Fenster und eine schwellenlos erschlossene Loggia verstärken den Aussenbezug.

The two point-access buildings facing the street are built in single-skin masonry with a roughcast render and prefabricated concrete balustrades. Their form and scale are carefully articulated to mediate between the small detached houses, the larger public buildings and the expansive green space of the cemetery. The public uses on the ground floor, including offices and training rooms of the organisation Pro Senectute, strengthen the connection with the neighbourhood. The articulated layout of the buildings creates an interplay with the landscaped surroundings and allows the flats to open in several directions.

The flats are located on the upper floors, four per level around a central stair core. Each benefits from three orientations, one facing south. The plans all follow the same typology: a hall defined by built-in furniture walls provides access to flexibly usable rooms, age-appropriate bathrooms and an open living–dining area. French windows and threshold-free loggias enhance the connection to the outdoors.

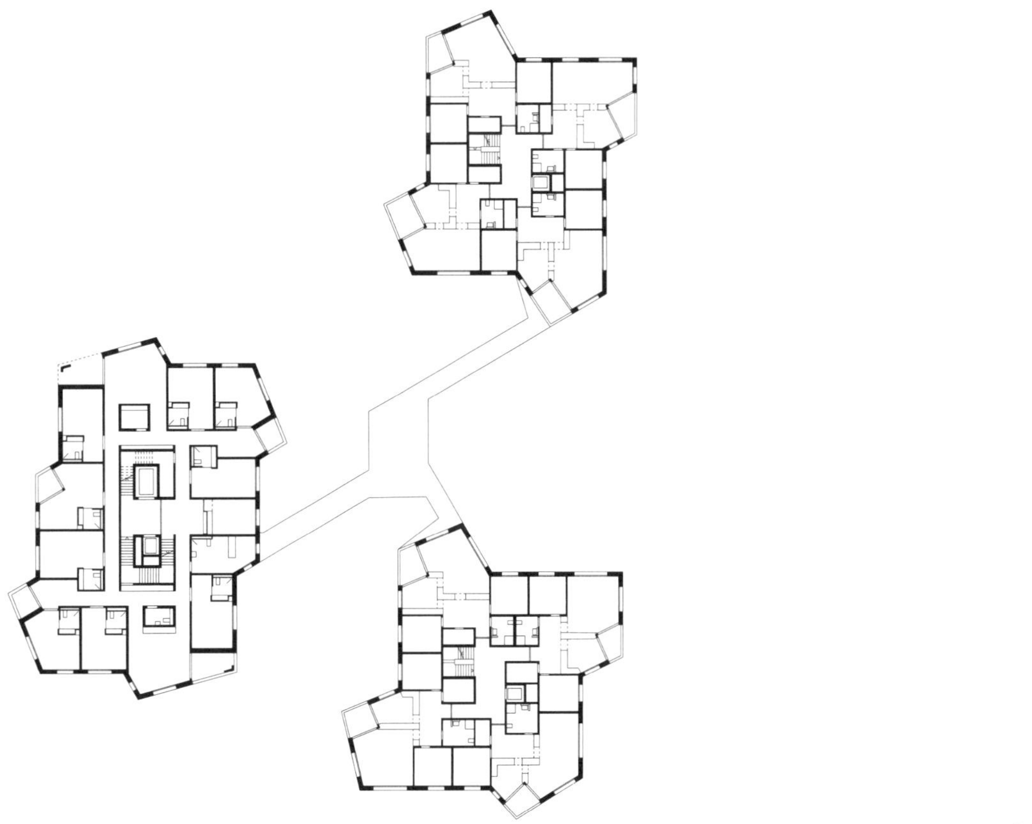
20 m

Das rückwärtige, dritte Gebäude ergänzt die Anlage mit weiteren 18 Alterswohnungen und einem kleinen Pflegeheim mit 19 Pflegebetten. Im Erdgeschoss befindet sich die Eingangshalle mit Empfang; von hier aus erreicht man öffentliche Angebote wie einen Coiffeur-Salon, den kleinen 24-Stunden-Shop, ein Sitzungszimmer, einen Mehrzweckraum oder die Cafeteria mit Gartenterrasse.

In den ersten beiden Obergeschossen gibt es jeweils neun Pflegezimmer und zwei Aufenthaltsräume, die jeweils punktgespiegelt in den Gebäudeecken liegen. Als horizontale Verbindung dient ein Gang, der sich auch als Rundgang eignet und immer wieder Blickbezüge sowohl nach aussen – in den Garten – als auch nach innen – ins hohe Treppenhaus – ermöglicht. Im ersten Obergeschoss gibt es zusätzlich einen direkten Zugang zum Demenzgarten, der aufgrund der leichten Hanglage auf dieser Ebene liegt.

Die obersten drei Etagen beherbergen Alterswohnungen. Weil das Haus aufgrund der darunter liegenden Nutzungen eine hohe Gebäudetiefe aufweist, die die natürliche Belichtung der Wohnungen erschwert hätte, wurde das Volumen aufgelockert: Mehrgeschossige Innenhöfe bringen Licht in die innen liegenden Bereiche, und das Treppenhaus wurde zu einem repräsentativen Begegnungsraum mit zenitalem Licht erweitert. Auch hier sorgen Blickbezüge – innerhalb der Wohnungen, aber auch zwischen Wohnungen, Treppenhaus und Höfen – für anregende Raumverbindungen.

The rear, third building completes the ensemble with a further 18 senior flats and a small care home with 19 beds. On the ground floor are the entrance hall and reception area, leading to public amenities such as a hairdresser's salon, a small 24-hour shop, a meeting room, a multipurpose room and a cafeteria with a garden terrace.

Each of the first two upper floors contains nine care rooms and two lounges, arranged as mirrored pairs at the building corners. A corridor links them horizontally, creating a circular route with recurring views to the garden and into the tall stairwell. On the first floor there is also direct access to the dementia garden, located at this level due to the gentle slope of the site.

The top three floors contain the senior flats. Because the building's depth, resulting from the uses below, would have restricted natural daylight, the volume was opened up: multi-storey courtyards bring light into the inner areas, and the stairwell was expanded into an expressive meeting space with top lighting. Here too, visual connections within the flats and between flats, stairwell and courtyards create stimulating spatial relationships.

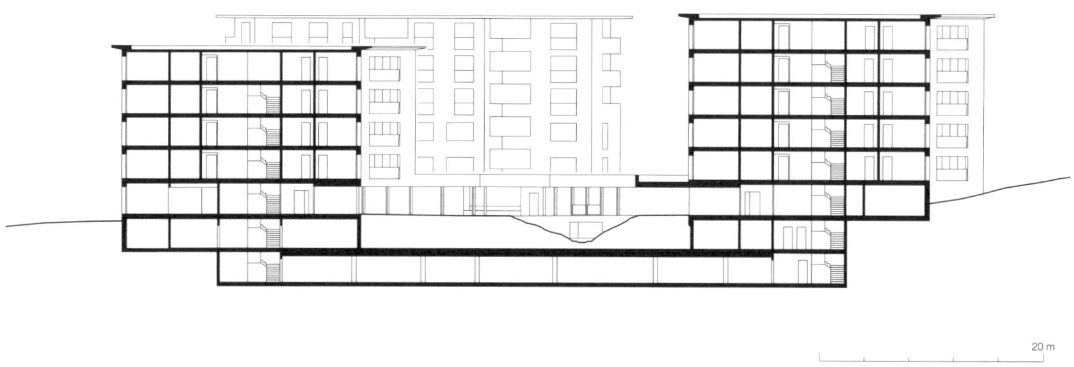

WEGE DER VERSÖHNUNG

Judit Solt

Weiterbauen statt Tabula rasa, das klingt nicht nach grossem Wurf. Eine neugierige, aufmerksame, grundsätzlich wertschätzende Annäherung an den gebauten Bestand führt fast zwangsläufig dazu, dass man dabei auf Interessantes stösst. Zwar ist die Wahrscheinlichkeit, herausragende historische Zeugen und seltene Kunstschätze zu entdecken, eher überschaubar; die meisten sind bekannt und inventarisiert. Doch kleinere Perlen finden sich trotzdem gelegentlich, ebenso wie spannende Werke vergangener Alltagsarchitekturen.

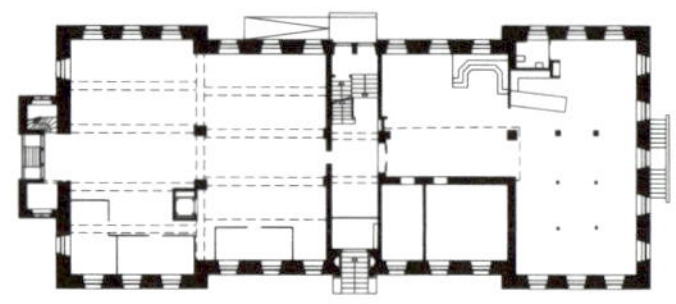

Kantonsbibliothek Thurgau, Frauenfeld
Aufgelöste Raumstruktur vor Umbau
Thurgau Cantonal Library, Frauenfeld
Irregular spatial structure before the conversion

Meist etwas abgewetzt und beschädigt, schlecht gepflegt und falsch genutzt, mag das Vorgefundene auf den ersten Blick wenig beachtenswert erscheinen. Die Bereitschaft, seine Qualitäten dennoch ernst zu nehmen, wenn möglich weiterzuentwickeln und als wichtigen Faktor im eigenen Entwurf zu begreifen, setzt eine gewisse Bescheidenheit voraus – eine Eigenschaft, die sich schwer mit dem Rollenverständnis des Architekturschaffenden als allwissenden Demiurgen vereinbaren lässt. Bestehendes zu erhalten, bedeutet die Beschneidung der eigenen Handlungsfreiheit und den Verzicht auf einen «kompromisslosen» Entwurf – noch ein Attribut, das in der Architekturkritik der letzten Jahrzehnte positiv konnotiert war. Vor allem aber kann das Weiterbauen zu unangenehmen Momenten der Selbsterkenntnis führen. Denn das Weiterbauen ist oft auch eine Konfrontation mit den Fehlern all jener, die genau das eine oder zwei Generationen vorher getan hatten.

Bescheidenheit und Mut

Den gebauten Bestand respektvoll weiterzuentwickeln, gehörte nicht zu den Stärken der Moderne. Während frühere Jahrhunderte diese Praxis – meist, aber nicht immer, aus ökonomischer Notwendigkeit heraus – gepflegt und zu einer hohen Kulturleistung ausgebildet hatten, strebten moderne Architekturschaffende nach Neubeginn. Menschenunwürdige Lebensbedingungen in den Städten der Industrialisierung und die Gräuel zweier Weltkriege hatten das gebaute Erbe der Vorfahren gründlich diskreditiert. Wenn möglich, wurde es entfernt: Die Modernisierung der meisten europäischen Städte in den 1950er- bis 1970er-Jahren erfolgte weniger aufgrund von Kriegszerstörungen als vielmehr aus dem verständlichen Wunsch heraus, eine bessere Welt zu erschaffen. Was ersetzt werden konnte, wurde ersetzt. Und was aus irgendwelchen Gründen bleiben und «neuen Anforderungen angepasst» werden musste, wurde ohne Rücksicht auf Verluste transformiert.

So stiessen auch Samuel Gäumann, Eva Lüdi und Martin von der Ropp bei ihrem ersten Projekt, der Sanierung und Transformation der Kantonsbibliothek Thurgau (vgl. Seite 86–94), auf die Folgen von einst wohl legitimen, aus heutiger Sicht jedoch fragwürdigen Entscheidungen ihrer Vorgänger. Im Streben nach grosszügigen Räumen hatten frühere Generationen Wände entfernt, Strukturen verändert und den Bezug zwischen Gebäudeinnerem und Fassade gekappt; um ruhige, abstrakte Oberflächen zu schaffen, hatten sie Ornamente verschwinden lassen und Parkette mit Spannteppichen zugeklebt. Damit war es ihnen zwar nicht gelungen, das angestrebte Ideal makellos moderner Architektur zu erreichen, doch die Qualität des ursprünglichen Gebäudes war stark beeinträchtigt. Im Gegensatz dazu nahmen Gäumann Lüdi von der Ropp ebendiese Qualität als Ausgangspunkt für ihren Entwurf. Sie zu erkennen, durch akribisches Archivstudium zu verstehen und wieder herzustellen, war Reparatur. Sie neu zu interpretieren, mit zeitgenössischen Elementen zu stärken und durch selbstbewusstes Weiterbauen in ein neues Ganzes zu überführen, war ein Akt der Versöhnung.

PATHS OF RECONCILIATION

Judit Solt

Weiterbauen, continuing to build upon what already exists instead of starting from a tabula rasa, may not sound like a grand gesture. Yet a curious, attentive and fundamentally appreciative approach to the existing fabric almost inevitably leads to interesting discoveries. The chances of uncovering outstanding historical witnesses or rare artistic treasures are admittedly slim; most are already known and catalogued. But smaller gems can still be found, along with intriguing examples of past everyday architectures.

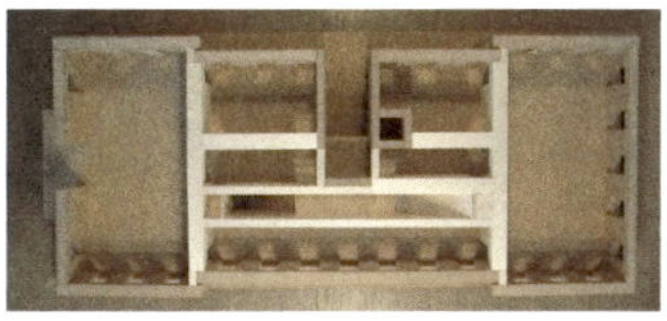

Modell 1:50 / Modell 1:20
Bibliotheksraum nach Fertigstellung
Model 1:50 / model 1:20
Library space after completion

Often worn and damaged, poorly maintained and misused, existing buildings may at first seem unremarkable. The willingness to take their qualities seriously nonetheless, to develop them further where possible and to understand them as an essential factor in one's own design, requires a certain humility, a quality that is difficult to reconcile with the self-image of the architect as an all-knowing demiurge. Preserving the existing means accepting a limitation of one's own freedom of action and renouncing the "uncompromising" design, an attribute viewed positively in architectural criticism in recent decades. Above all, however, *Weiterbauen* can bring uncomfortable moments of self-realisation, for it often entails confronting the errors of those who pursued the same endeavour one or two generations earlier.

Humility and courage

The respectful development of the existing fabric was never a defining strength of modern architecture. In earlier centuries, often though not always out of economic necessity, this practice had been maintained and refined into a cultural achievement. Modern architects, by contrast, sought a fresh start. The inhumane living conditions in industrial cities and the horrors of two world wars had thoroughly discredited the built legacy of their predecessors. Wherever possible, it was torn down. The modernisation of most European cities between the 1950s and 1970s stemmed less from war damage than from the understandable desire to create a better world. Whatever could be replaced was replaced, and whatever had to remain and be "adapted to new requirements" was transformed with little regard for loss.

Their first project, the restoration and transformation of the Thurgau Cantonal Library (see p. 86–94), brought Samuel Gäumann, Eva Lüdi and Martin von der Ropp face to face with the consequences of decisions that had seemed reasonable at the time but appear doubtful today. In the pursuit of more generous spaces, earlier generations had removed walls, altered structures and severed the connection between interior and façade; in the quest for calm, abstract surfaces, they had eliminated ornament and covered parquet floors with fitted carpet. Their efforts unfortunately failed to achieve the ideal of immaculate modern architecture, but they did succeed in greatly diminishing the quality of the original building. Gäumann Lüdi von der Ropp, by contrast, took that original quality as the point of departure for their design. Recognising it, understanding it through detailed archival research and restoring it was an act of repair. Reinterpreting it, strengthening it with contemporary elements and continuing to build on it with confidence to create a new whole was an act of reconciliation.

Continuing to develop existing fabric is a careful negotiation that requires both humility and courage. Humility, because respect for the quality of what

Weiterbauen ist eine Gratwanderung, die sowohl Bescheidenheit als auch Mut erfordert. Bescheidenheit, weil der Respekt für die Qualität des Bestands und die Konfrontation mit dem gelegentlichen Scheitern von Vorgängern, die sich an dieselbe Aufgabe gewagt haben, den Stellenwert des eigenen Schaffens relativieren, die Legitimität weiterer Eingriffe in Frage stellen. Und es braucht Mut, um die daraus resultierenden, durchaus berechtigten Zweifel an der eigenen Unfehlbarkeit ernst zu nehmen, sorgfältig zu reflektieren – und wo nötig dennoch dezidiert einzugreifen.

Sporthalle Oberfeld, Langnau im Emmental
Sanierter Bestand, neue Halle
Neuer Hauptzugang via Altbau
Oberfeld Sports Hall, Langnau im Emmental
Refurbished existing building, new hall
New main access via the old building

Gleichklang der Stimmen

Voraussetzung dafür ist ein altes Kulturverständnis, das erst in jüngster Zeit ins Wanken geraten ist: Kultur im Sinne des ursprünglichen Begriffs als formende Pflege, etwa das Bestellen von Äckern und die Zucht von Pflanzen; oder, im übertragenen Sinn, Kultur als Umgestaltung des Gegebenen gemäss eigenen Vorstellungen, etwa das Neuerzählen tradierter Geschichten. Ein solches Kulturverständnis beruht auf der Idee, dass das Neue die Grundlage des Alten für das eigene Wachstum nutzt, und auf dem versöhnlichen Ideal eines endlosen Prozesses ohne Brüche, aber auch ohne Stillstand. Im Bereich des Bauens bedeutet diese Versöhnung weder eine komplette Überformung des Alten durch das Neue noch eine forcierte didaktische Gegenüberstellung. Sie ist Ausdruck einer verbindenden Haltung, die unterschiedliche zeitliche Dimensionen in ein sinnvolles Verhältnis setzt. Es geht darum, das Potenzial des Alten zu erkennen, zu würdigen und weiterzuentwickeln, damit Neues und Bestehendes in eine kuratierte, produktive Beziehung treten.

Insofern ist das Weiterbauen ein fiktiver Dialog mit all jenen, die den bestehenden Bau einst erdacht, errichtet oder transformiert hatten. Diesen Dialog zu führen, ist nicht mit jedem Gegenüber einfach. Doch wenn er gelingt, entsteht im Zusammenklang von alt und neu eine konsistente Erzählung, die Vergangenheit, Gegenwart und Zukunft miteinander verbindet, ohne die Authentizität der beteiligten Partner zu tangieren. Die alten Stimmen bleiben hörbar, eine weitere Stimme kommt hinzu, und die Rollen innerhalb der gemeinsamen Erzählung werden neu verteilt.

Ein Beispiel unter vielen ist der Neubau der Dreifachturnhalle Oberfeld in Langnau (vgl. Seite 26–33). Die bestehende Turnhalle stand zum Abriss frei, doch Gäumann Lüdi von der Ropp entschieden anders: Das aus den 1930er-Jahren stammende Ensemble aus Schulhaus, Turnhalle und Pausenplatz war für das Ortsbild prägend und tief im kollektiven Gedächtnis des Dorfes verwurzelt. Es sollte erhalten bleiben, wenn auch in modifizierter Form. So dockt die neue, als zeitgenössischer Holzbau konstruierte Turnhalle an die alte an. Diese enthält neue, aber weiterhin dem Sport dienende Funktionen und dient zugleich als Transitraum vom alten Ensemble in den modernen Neubau. Das gelassene, in diesem Fall wörtliche Fortschreiten von einer Architektur in die nächste ist auch eine Reise durch die Zeit, ein Abschreiten des gebauten Erbes bis zur zuletzt hinzugefügten Schicht, ein Weg der Versöhnung zwischen Architekturen aus unterschiedlichen Zeiten.

Ein solcher Weg ist letztlich auch eine Versöhnung zwischen antagonistischen architektonischen Haltungen. Die methodische Palette von Gäumann Lüdi von der Ropp ist breit und umfasst scheinbar unvereinbare Ansätze. Sie reicht von der «konstruktiven Ehrlichkeit» der 1990er-Jahre mit ihrer Suche nach funktional klar strukturierten, ablesbaren Konstruktionen bis hin zum Ornament und zur interpretierenden Rekonstruktion – Praktiken also, die in modernen Architekturkreisen über viele Jahre vehement verpönt waren. Auch dazu braucht es sowohl Bescheidenheit als auch Mut. Bescheidenheit für die Erkenntnis, dass die eigene, zeitgenössische Formensprache nicht immer die adäquateste ist. Und Mut zum Kompromiss, zum Unreinen, zur Kombination – auf das Risiko hin, sich zu irren. Wie viele Generationen zuvor.

already exists and the confrontation with the occasional failures of predecessors who faced the same task relativise the importance of one's own work and call into question the legitimacy of further intervention. And courage, because it takes resolve to face the resulting, and often justified, doubts about one's own infallibility, to reflect on them carefully, and, where necessary, to intervene with conviction.

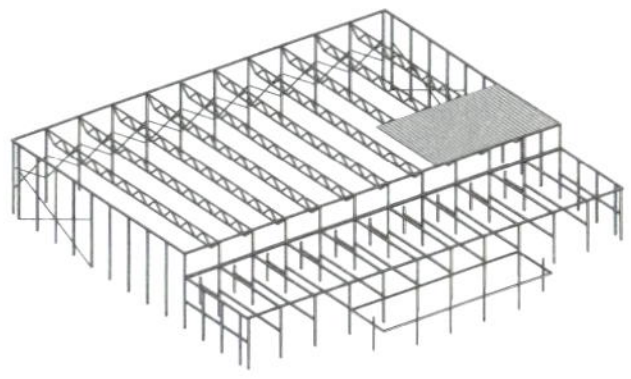

Sporthalle Gländ, Gerlafingen
Strukturmodell Stahlbau
Neubau mit Verbindungsbau
Gländ Sports Hall, Gerlafingen
Steel construction model
New building with connecting wing

A harmony of voices

Such an approach presupposes an older understanding of culture, one that has recently started to waver: culture in its original sense as cultivation – the tilling of fields and the growing of plants – or, in a broader sense, as the reshaping of what exists according to one's own ideas, the retelling of inherited stories. This understanding rests on the idea that the new builds upon the old, and on the reconciliatory ideal of an endless process without rupture yet without stagnation. In the field of building, this reconciliation means neither the complete overwriting of the old by the new nor a forced, didactic juxtaposition. It expresses a connecting attitude, one that places different temporal dimensions into a meaningful relationship. It is about recognising, valuing and developing the potential of what already exists so that old and new enter into a curated, productive dialogue.

In this sense, continuing to build is an imagined dialogue with all those who once conceived, constructed or transformed the existing structure. Such a conversation is not equally easy with every partner. But when it succeeds, the interplay of old and new creates a coherent narrative that links past, present and future without compromising the authenticity of any of its voices. The old voices remain audible; a new one joins them, and the roles within the shared story are redefined.

One example among many is the new Oberfeld sports hall in Langnau (see p. 26–33). The existing gymnasium was scheduled for demolition, but Gäumann Lüdi von der Ropp chose a different course. The ensemble from the 1930s, comprising school building, gymnasium and playground, shaped the townscape and was deeply rooted in the community's collective memory. It was to be preserved, albeit in a modified form. The new triple sports hall, built as a contemporary timber structure, adjoins the old gymnasium. The latter accommodates new, still sport-related functions and at the same time serves as a transitional space between the historic ensemble and the modern addition. The calm, literal progression from one architecture to the next is also a journey through time, a walk through the built heritage up to its most recent layer, a path of reconciliation between architectures from different eras.

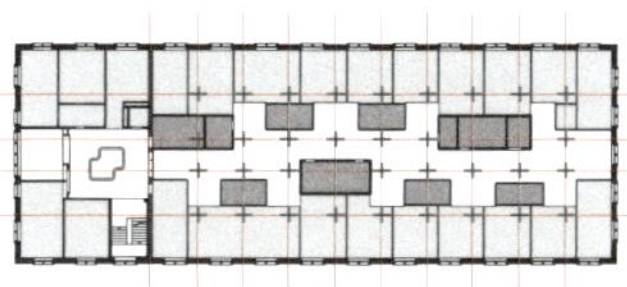

Zeughaus Ebnet, Herisau
Gebäude- und Raumstruktur
Korridor mit Blick zur Büroschicht
Ebnet Armoury, Herisau
Building and spatial structure
Corridor with view towards the office layer

Such a path is ultimately also a reconciliation between opposing architectural attitudes. Gäumann Lüdi von der Ropp's methodological range is broad, encompassing approaches that might appear irreconcilable. It extends from the "constructive honesty" of the 1990s, with its pursuit of functionally clear, legible structures, to ornament and interpretive reconstruction, practices long discredited in modern architectural circles. Both demand humility and courage: humility to recognise that one's contemporary formal language is not always the most appropriate, and courage to accept compromise, impurity and combination, even at the risk of being wrong – as so many generations were before.

KANTONSBIBLIOTHEK THURGAU, FRAUENFELD

Umbau und Fassadensanierung im denkmalgeschützten Rahmen

Seit 2006 ist die neue Kantonsbibliothek in einem repräsentativen, von Johann Joachim Brenner 1851 fertiggestellten Gebäude im Stadtzentrum untergebracht. Dafür musste der denkmalgeschützte Bestand den Anforderungen eines modernen, multimedialen Bibliothekbetriebs angepasst werden.

In den vergangenen Jahrzehnten war das Gebäude, das einst als Schule errichtet und später als Gericht und Bibliothek genutzt wurde, mehrfach transformiert und in seiner Raumstruktur verändert worden. Der Umbau dagegen respektiert die Würde der historischen Bausubstanz. Grundlage war das Studium der Originalpläne mit dem Ziel, dem klassizistischen Gebäude seine ursprüngliche Strenge und Klarheit zurückzugeben.

Im Inneren stellen raumbildende Möbelwände die Raumproportionen wieder her. Durchgänge verbinden die unterschiedlich grossen, hierarchisch angeordneten Räume zu Enfiladen. Durch den Einsatz von Terrazzo-Böden im Erdgeschoss und ausgesuchte Stofftapeten wurde der bauzeitliche Geist feinfühlig aufgenommen; Leuchten und diverse Möbel wurden neu entworfen. Die nach Raumgruppen differenzierte Farbgestaltung unterstreicht die stimmungsvolle Raumabfolge. Eine neue Kaskadentreppe dient als interne Verbindung, während die Haupttreppe den Lesesaal und die Administration ausserhalb der Öffnungszeiten erschliesst.

Die Sanierung der Gebäudehülle umfasste einen Ersatz der Fenster und Anpassungen der Dachlandschaft aufgrund der neuen Gebäudetechnik. Bei der Sanierung der Putz- und Sandsteinflächen wurde der Bestand wo möglich erhalten und konsolidiert, filigrane Senkrechtstoffmarkisen ersetzen die stark zeichnenden Fensterläden. Das Gebäude erstrahlt wieder in einer hellen, heiteren Farbgebung.

THURGAU CANTONAL LIBRARY, FRAUENFELD

Conversion and façade renovation within a listed structure

Since 2006, the Thurgau Cantonal Library has been housed in a representative building in the city centre, completed in 1851 by Johann Joachim Brenner. To accommodate a modern, multimedia library, the listed structure had to be adapted to contemporary requirements.

Over the decades the building, originally constructed as a school and later used as a court and library, underwent several transformations that altered its spatial organisation. The current conversion, by contrast, respects the dignity of the historic fabric. Based on a study of the original plans, the aim was to restore the classical building's former rigour and clarity.

Built-in partitions function as furniture walls and re-establish the proportions of the rooms. Doorways link the variously sized, hierarchically arranged spaces into enfilades. Terrazzo floors on the ground level and selected fabric wallpapers evoke the spirit of the period with subtle sensitivity; lighting and much of the furniture were newly designed. The differentiated colour scheme reinforces the atmospheric sequence of rooms. A new cascading staircase provides internal access, while the main stair connects the reading room and administrative areas after closing time.

The renovation of the building envelope included replacing the windows and adapting the roofscape to accommodate new technical installations. In refurbishing the rendered and sandstone surfaces, existing material was retained and stabilised wherever possible. Slender vertical fabric awnings replace the former shutters, which gave the façade a heavy, strongly defined appearance. The building once again radiates a bright and cheerful character.

Wettbewerb: 2002
Fertigstellung: 2005
Bauherrschaft: Kanton Thurgau, Hochbauamt
Bauleitung: Roland Grandits
Statik: SJB Kempter Fitze AG
Lichtplanung: TT Licht GmbH
Farbgestaltung: Tashi Lindegger
Teppichdesign: Rug Star by Jürgen Dahlmanns

Competition: 2002
Completion: 2005
Client: Canton of Thurgau, Office for Building Construction
Site management: Roland Grandits
Structural engineer: SJB Kempter Fitze AG
Lighting design: TT Licht GmbH
Colour design: Tashi Lindegger
Carpet design: Rug Star by Jürgen Dahlmanns

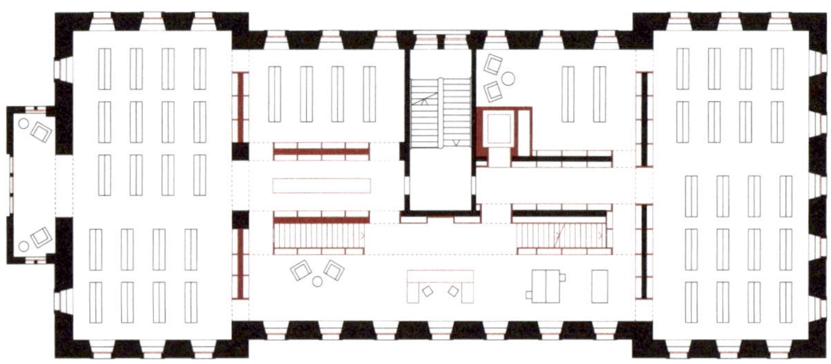

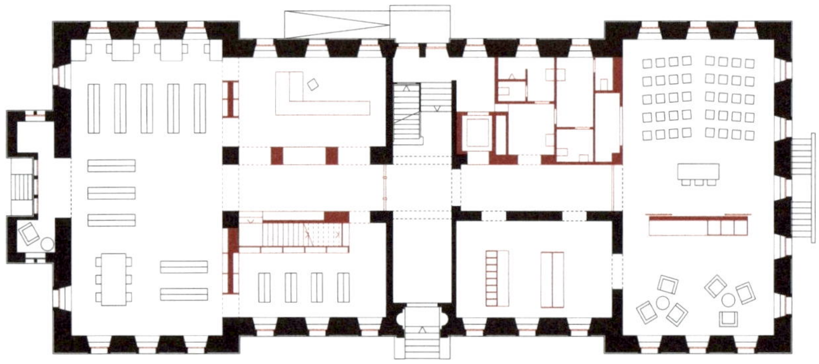

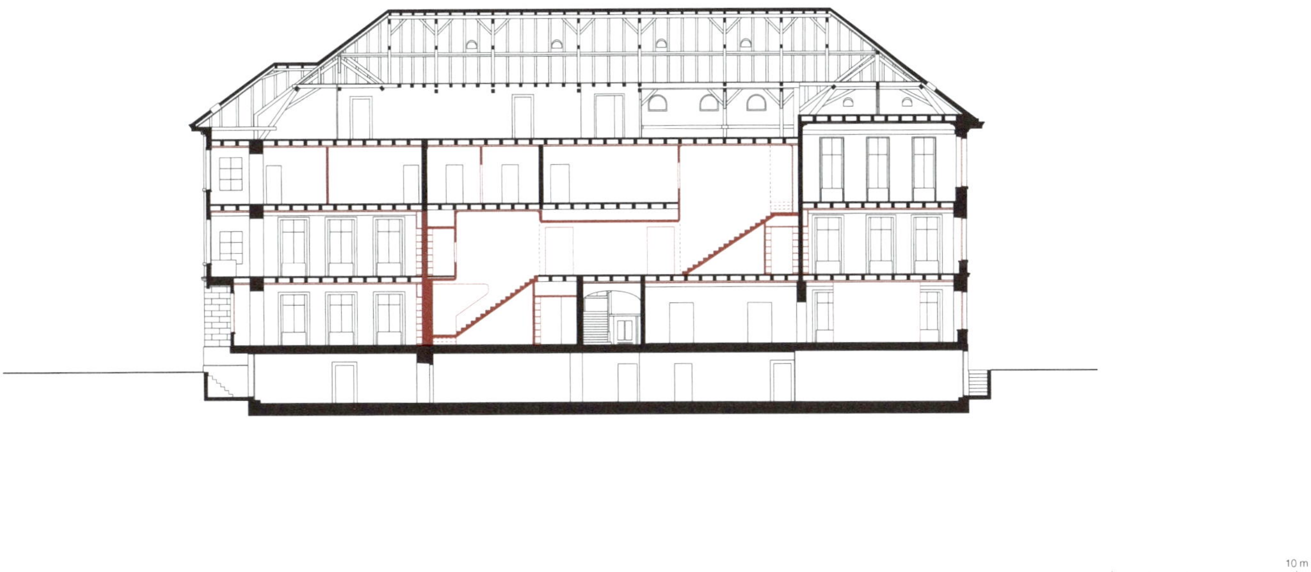

10 m

ALTERSHEIM WILDBACH, ZÜRICH
Umbau und Erweiterung einer Stadtmaschine

WILDBACH RETIREMENT HOME, ZURICH
Conversion and extension of an urban machine

Der 1972 vom Architekten André E. Bosshard erstellte, funktional hybride Bau ist ein Zeuge des modernistischen Denkens seiner Epoche. Den Kern bildet bis heute ein Parkhaus, das ursprünglich von einer vierstöckigen Mantelnutzung aus Alterswohnungen umhüllt war; gekrönt war das Ganze von zwei Dachgeschossen, die eine Maternité beherbergten.

In den 1980er-Jahren wurden die Alterswohnungen zu einem Altersheim umfunktioniert. Dieses galt es mit den Alterswohnungen zusammenzulegen, umzubauen und den heutigen Bedürfnissen anzupassen. Auch beim jüngsten Umbau blieb das Parkhaus erhalten und tritt im Inneren als geschlossener Betonkern mit abgerundeten Kanten in Erscheinung; Mantel und Dachgeschosse bilden neu ein Gesundheitszentrum für das Alter mit 86 Betten.

Ein neuer Eingangspavillon im Erdgeschoss dient der Adressbildung und klärt die städtebauliche und funktionale Situation. Ebenfalls im Erdgeschoss befindet sich anstelle der ehemaligen Waschküche ein öffentliches Café. In den darüber liegenden Etagen markiert ein Aufenthaltsraum mit Teeküche die Ankunft von Treppe und Lift. Von hier aus führt eine umlaufende Erschliessung, die sich auch für Rundgänge eignet, zu den Zimmern und den gemeinschaftlichen Räumen – in den drei Obergeschossen um das Parkhaus herum, in den beiden Dachgeschossen einen neu eingestanzten, begrünten Innenhof umkreisend.

Der neue, auf zwei Ebenen gestaffelte Innenhof ermöglicht es, den ursprünglich fensterlosen Speisesaal, den Mehrzwecksaal und die umlaufende Erschliessung natürlich zu belichten. Zudem bietet er schöne gemeinschaftliche Aussenräume. Sowohl die beiden Hofebenen als auch die teilweise zweigeschossigen Säle sind mit unbehandeltem Zedernholz verkleidet; sie bilden ein abwechslungsreiches Raumkontinuum und generieren vielfältige Blickbezüge nach innen und aussen.

Built in 1972 by the architect André E. Bosshard, this functionally hybrid building stands as a testament to the modernist thinking of its time. At its centre is a car park, originally wrapped by a four-storey perimeter of flats for the elderly and topped by two attic levels that once contained a maternity ward.

In the 1980s, the flats were converted into a retirement home. The recent transformation merges the two uses, adapting them to contemporary needs. The car park was retained and now appears inside as a closed concrete core with rounded edges; the perimeter and attic floors have been reconfigured to form a health centre for older people with 86 beds.

A new entrance pavilion defines the main access and clarifies the urban and functional organisation of the complex. Also on the ground level, a public café now occupies the former laundry. On the upper floors, a lounge with kitchenette forms the arrival point from the stair and lift. From here, a continuous circulation space that also serves as a walking loop leads to the rooms and communal areas: on the three main floors around the car park, and on the two attic levels encircling a newly inserted, planted courtyard.

The new courtyard, staggered across two levels, brings daylight into the formerly windowless dining hall, multipurpose room and circulation areas. It also creates pleasant shared outdoor spaces. Both courtyard levels, as well as the partly double-height halls, are clad in untreated cedar, forming a varied spatial continuum with rich visual connections between inside and out.

Wettbewerb: 2005
Fertigstellung: 2009
Bauherrschaft: Stadt Zürich, Amt für Hochbauten
Bauleitung: Confirm AG
Statik: Caprez Ingenieure AG
Landschaftsarchitektur: Fischer Landschaftsarchitekten BSLA
Gebäudetechnik: Basler Hofmann AG
Lichtplanung: Priska Meier

Competition: 2005
Completion: 2009
Client: City of Zurich, Office for Building Construction
Site management: Confirm AG
Structural engineer: Caprez Ingenieure AG
Landscape architecture: Fischer Landschaftsarchitekten BSLA
Building services: Basler Hofmann AG
Lighting design: Priska Meier

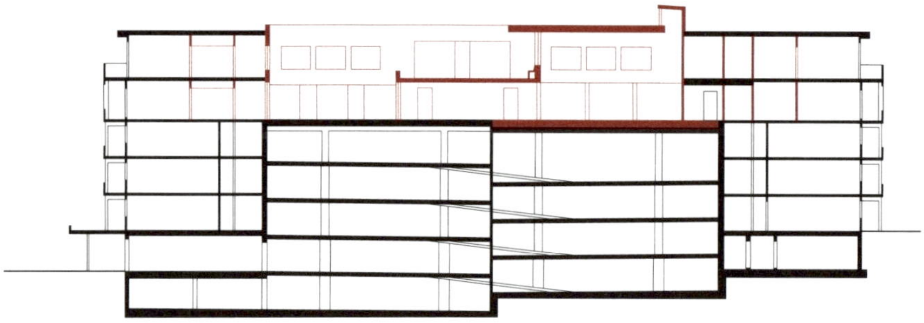

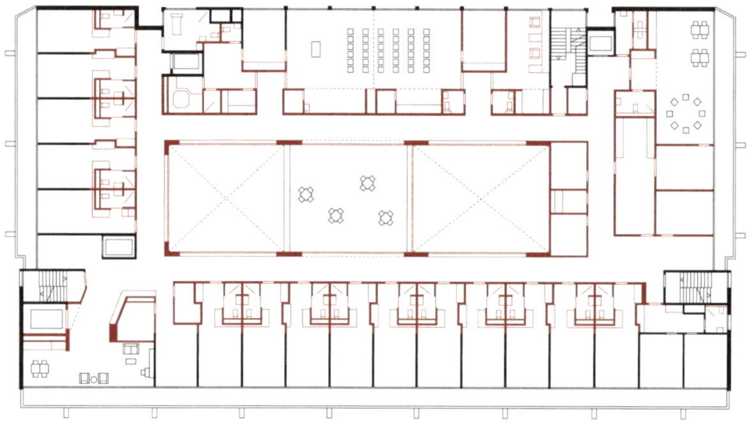

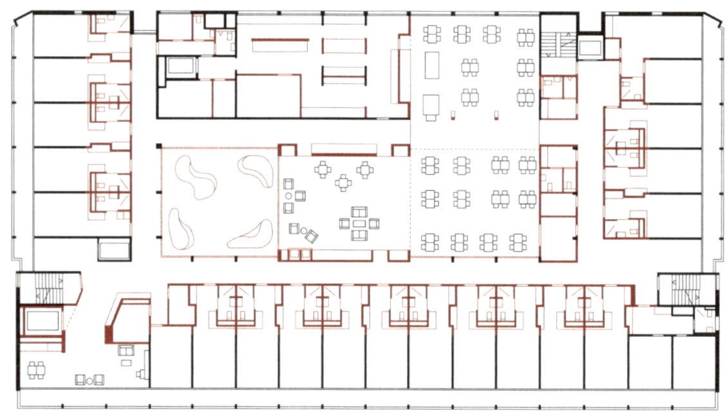

15 m

PFLEGEZENTRUM WITIKON, ZÜRICH
Gesamterneuerung Pflegeheim mit 190 Betten

WITIKON CARE CENTRE, ZURICH
Comprehensive renewal of a care home with 190 beds

Das Pflegezentrum Witikon, 1983 nach Plänen von Dr. Frank Krayenbühl fertiggestellt, war ein Kind seiner Zeit: rational organisiert, auf den motorisierten Individualverkehr ausgerichtet und mit einer vertikal gegliederten Natursteinfassade. Nach drei Jahrzehnten galt es, den Bau im Rahmen einer Gesamtinstandsetzung heutigen betrieblichen Anforderungen anzupassen und in Bezug auf Wärmedämmung, Brandschutz und Erdbebensicherheit zu ertüchtigen.

Anstelle eines Ersatzneubaus wurde die Anlage erhalten und transformiert. Dies bedingte einen Rückbau bis auf die tragende Struktur und die komplette Überarbeitung der räumlichen und funktionalen Organisation. Der Eingriff umfasste auch die Aussenräume: Die Einfahrt in die Tiefgarage, die den Zugang versperrte, wurde verlegt und durch einen einladenden Aussenbereich ersetzt; zwei neue, als tiefer gelegte Gärten ausgebildete Lichthöfe erhellen das öffentliche Untergeschoss und verbinden es räumlich und funktional mit dem Erdgeschoss.

Übergeordnetes Ziel war die Verbesserung der Wohnqualität für die Bewohnenden. Die Erschliessung und die Gemeinschaftsbereiche im Erdgeschoss sind grosszügig und heiter, formal reduzierte Details und hochwertige Materialien erzeugen eine gastliche Stimmung. Die Wohngruppen in den Obergeschossen verfügen über Ein- und Zweibettzimmer mit Bad anstelle der vorgängigen Mehrbettzimmer; sowohl Zimmer als auch die Gemeinschaftsräume öffnen sich mit neuen, grossen Fenstern zu Alpen und See.

Aufgrund des schlechten Zustands mussten die alte Fassade und alle technischen Installationen ersetzt werden. Die neue Gebäudehülle besteht aus strukturierten Tonplatten, die sich wie Bänder um das Gebäude schmiegen; darin sind auch die grossen Technikzentralen integriert. Dank dem Einsatz von Erdsonden, Abwasserwärmerückgewinnung und LED-Technologie erfüllt der Umbau den Standard Minergie-ECO Neubau.

Completed in 1983 and designed by Dr Frank Krayenbühl, the Witikon Care Centre was a product of its time: rationally organised, oriented towards private motor traffic and clad with a vertically articulated natural-stone façade. After three decades, the building required a complete refurbishment to meet current operational needs and to upgrade its thermal insulation, fire safety and earthquake resistance.

Instead of replacing the building with a new construction, the complex was preserved and transformed. This required dismantling down to the load-bearing structure and a complete reorganisation of its spatial and functional layout. The intervention also extended to the outdoor areas: the driveway to the underground garage, which had blocked access, was relocated and replaced by an inviting forecourt; two new sunken courtyard gardens now illuminate the public basement and connect it spatially and functionally with the ground floor.

The overarching aim was to improve the residents' quality of life. The circulation and communal areas on the ground floor are spacious and bright; formally restrained detailing and high-quality materials create a welcoming atmosphere. The residential groups on the upper floors now have single and double rooms with private bathrooms instead of the former multi-bed rooms, and both rooms and common areas open with new, large windows towards the Alps and the lake.

Because of the building's poor condition, the old façade and all technical installations had to be replaced. The new building envelope is made of profiled terracotta panels that wrap around the building like bands; the large technical installations are integrated within this envelope. With the use of geothermal boreholes, wastewater heat recovery and LED technology, the conversion meets the Minergie-ECO new-build standard.

Wettbewerb: 2010
Fertigstellung Etappe 1: 2015
Fertigstellung Etappe 2: 2017
Bauherrschaft: Stadt Zürich, Amt für Hochbauten
Bauleitung: Caretta + Weidmann
Statik: Flückiger Bosshard AG
Landschaftsarchitektur: Hoffmann & Müller Landschaftsarchitektur GmbH
HLKS-Planung: Hochstrasser Glaus AG
Sanitärplanung: Schudel + Schudel AG
Elektroplanung: Schmidiger + Rosasco AG
Fassadenplanung: GFT Fassaden AG
Lichtplanung: mosersidler.

Competition: 2010
Completion, Phase 1: 2015
Completion, Phase 2: 2017
Client: City of Zurich, Office for Building Construction
Site management: Caretta + Weidmann
Structural engineer: Flückiger Bosshard AG
Landscape architecture: Hoffmann & Müller Landschaftsarchitektur GmbH
Mechanical services: Hochstrasser Glaus AG
Sanitary planning: Schudel + Schudel AG
Electrical planning: Schmidiger + Rosasco AG
Façade planning: GFT Fassaden AG
Lighting design: mosersidler.

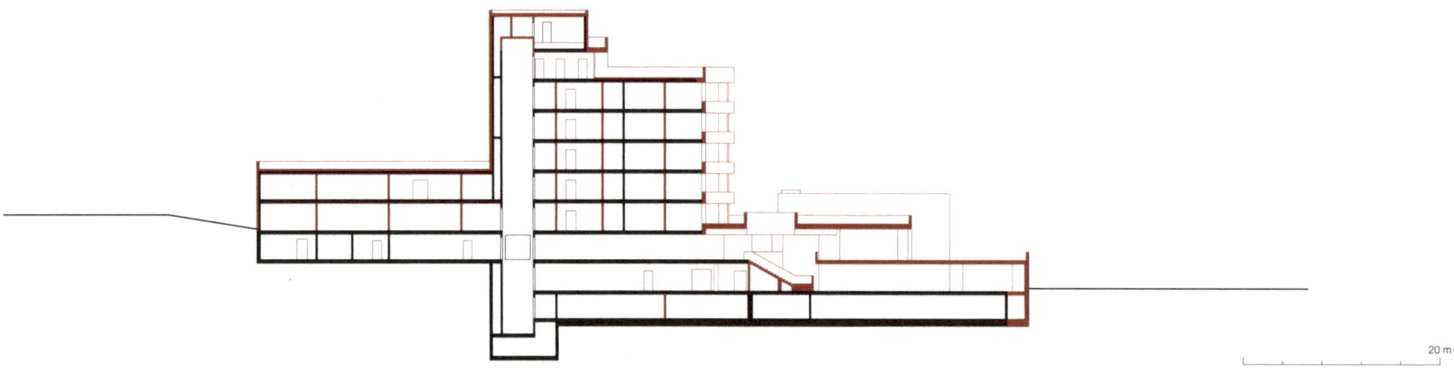
20 m

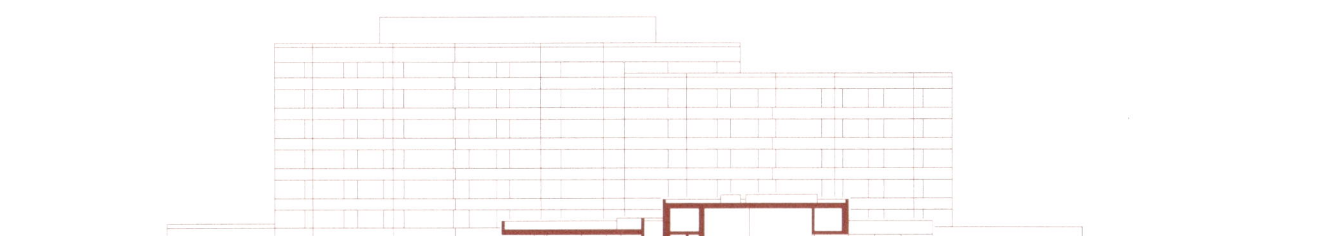

HAUS HEGIBACH, ZÜRICH

Sanierung und Dachausbau Flarzhaus aus dem Mittelalter

HEGIBACH HOUSE, ZURICH

Renovation and attic conversion of a medieval Flarzhaus

Die ältesten Teile des zweigeschossigen Flarzhauses gehen auf das 14. Jahrhundert zurück. Der Bau steht innerhalb einer kurzen Häuserzeile, die ursprünglich zum Dorfkern des heutigen Stadtquartiers Hirslanden gehörte und heute von grossformatigeren urbanen Bauten umgeben ist. Im 19. Jahrhundert diente das Haus als Wohn- und Arbeitsstätte von Samt- und Seidenweberfamilien. Zur Strasse hin präsentiert sich die Häuserreihe mit hellen Putzfassaden, während auf der zum kleinen Nutzgarten orientierten Rückseite, wo die Werkstätten untergebracht waren, die Fachwerkkonstruktion sichtbar ist.

Die Aufgabe bestand aus einer Sanierung samt Dachausbau. Planung und Ausführung erfolgten mit Sorgfalt und Respekt vor der historischen Bausubstanz, in enger Zusammenarbeit mit der städtischen Denkmalpflege und Archäologie. Im Erdgeschoss wurde die Küche und im Obergeschoss die Nasszelle neu organisiert, zudem führt die Treppe nun bis ins Dachgeschoss. Der grösste Eingriff betraf das Dachgeschoss selbst: Das Dach wurde gedämmt, die Giebelgaube auf der Gartenseite entfernt und durch eine grössere Schleppgaube ersetzt, und neue Dachziegel wurden angebracht. Im Dachgeschoss ermöglichte dies ein neues Zimmer unter der Gaube sowie einen Wohnraum und eine neue Dusche, deren Höhe bis unter die schräge Dachuntersicht reicht.

The oldest parts of the two-storey Flarzhaus date back to the 14th century. The building stands within a short row of houses that originally formed part of the historic village centre of today's Hirslanden district and is now surrounded by larger, more urban buildings. In the 19th century, the house served as both home and workplace for families of velvet and silk weavers. Facing the street, the row is characterised by light rendered façades, while on the garden side, where the workshops were located, the timber-frame construction remains visible.

The project involved a renovation and an attic conversion. Planning and execution were carried out with care and respect for the historic fabric, in close collaboration with the municipal heritage and archaeology departments. The kitchen on the ground floor and the bathroom on the upper floor were reorganised, and the stair now continues up to the attic. The most substantial intervention concerned the attic itself: the roof was insulated, the gable dormer on the garden side removed and replaced with a larger shed dormer, and new roof tiles were installed. This allowed the creation of a new room beneath the dormer, as well as a living area and a new shower whose height extends up to the sloping underside of the roof.

Direktauftrag: 2017
Fertigstellung: 2018
Bauherrschaft: Privat
Bauleitung: Kurt Ziswiler

Direct commission: 2017
Completion: 2018
Client: Private
Site management: Kurt Ziswiler

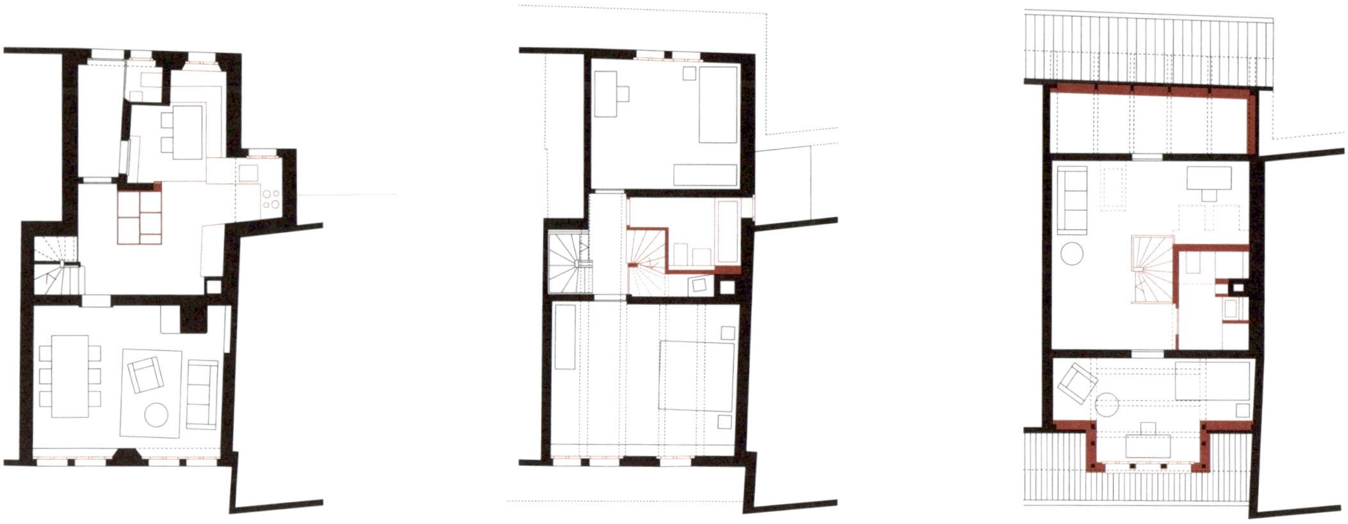

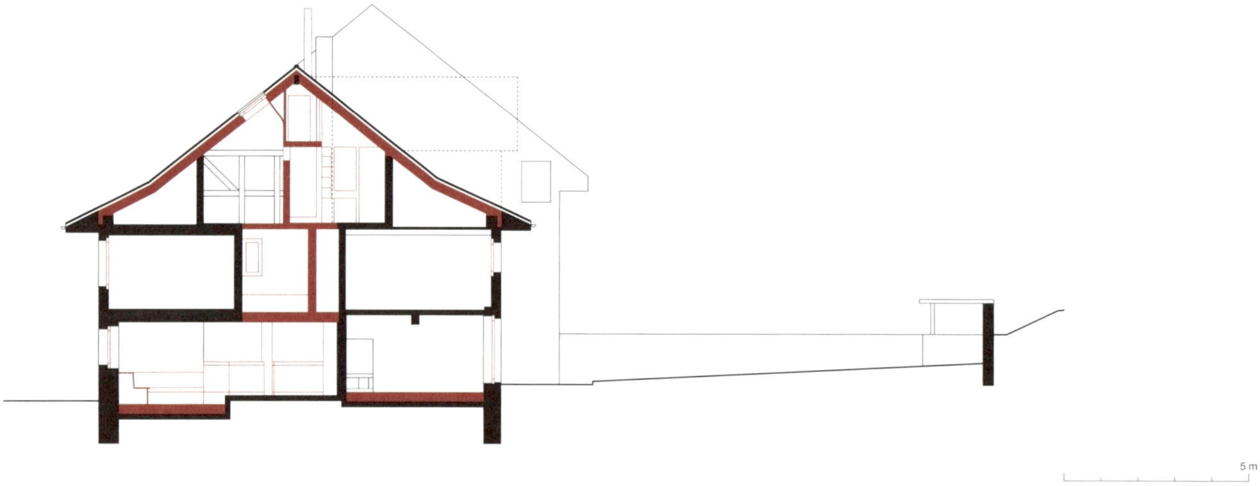

5 m

SIEDLUNG HARDAU II, ZÜRICH

Fassadeninstandsetzung eines bedeutenden Baudenkmals in bewohntem Zustand

Die Überbauung Hardau II in Zürich-Aussersihl wurde 1973–1978 nach einem Entwurf von Max P. Kollbrunner errichtet. Das Ensemble besteht aus vier bis zu 95 m hohen Wohntürmen, deren schlanke Silhouette das Stadtbild von weitem prägt, sowie aus zwei Wohnzeilen, einem Gesundheitszentrum für das Alter, einer Siedlung mit Alterswohnungen, einem Gewerbepavillon und einer Parkgarage. Die ganze Anlage befindet sich im Inventar der schützenswerten Gebäude; insbesondere die prägnanten, mit braunen Betonelementen gestalteten Fassaden stehen unter Denkmalschutz.

Trotz regelmässigem Unterhalt der vorfabrizierten Betonelemente waren die Fassaden aller bestehenden Gebäude nach vier Jahrzehnten in einem sehr schlechten Zustand, insbesondere die Originalfenster waren am Ende ihrer Lebenszeit angelangt.

Die Aufgabe umfasste die Instandsetzung sämtlicher Fassaden des Areals – den Ersatz der bauzeitlichen Fenster, die Sanierung aller Betonelemente und eine energetische Optimierung der Gebäudehüllen, etwa durch den Einsatz von Lüftungselementen in den neuen Fenstern. Hinzu kamen Massnahmen zur Verbesserung des Brandschutzes und die Innensanierung der Alterswohnungen in Bezug auf Nasszellen, Küchen und Oberflächen. Ebenfalls zur Aufgabe gehörte die Optimierung der Arealbegrünung im Zusammenhang mit der Sanierung der Tiefgaragendecken als Beitrag zur Hitzeminderung und Biodiversität.

Die Arbeiten an den schützenswerten Fassaden und dem Begrünungskonzept basierten auf sorgfältigen Untersuchungen und Respekt für den Bestand. Sie wurden in enger Zusammenarbeit mit der städtischen Denkmalpflege und Gartendenkmalpflege geplant und in bewohntem Zustand ausgeführt.

HARDAU II HOUSING ESTATE, ZURICH

Façade refurbishment of a major listed housing estate carried out while occupied

The Hardau II housing estate in Zurich-Aussersihl was built between 1973 and 1978 to a design by Max P. Kollbrunner. The ensemble comprises four residential towers up to 95 metres high, whose slender silhouettes shape the city's skyline, together with two linear housing blocks, a health centre for the elderly, senior housing, a commercial pavilion and an underground car park. The entire complex is listed in the city's inventory of protected buildings; the distinctive façades of brown precast-concrete elements are under heritage protection.

Despite regular maintenance of the concrete panels, the façades were in poor condition after four decades, and the original windows had reached the end of their life cycle. The project therefore entailed refurbishing all façades – replacing the windows, repairing the concrete elements and improving thermal performance, for instance by integrating ventilation modules into the new windows. Further measures included enhanced fire protection and the interior renovation of the senior flats, updating bathrooms, kitchens and finishes. The project also renewed the landscaping in connection with the repair of the underground-car-park decks, contributing to heat reduction and biodiversity.

The work on the listed façades and the landscape concept was based on careful investigation and respect for the existing fabric. Planning was carried out in close collaboration with the municipal heritage and garden-heritage authorities, and the entire project was executed while the buildings remained occupied.

Wettbewerb: 2020
Fertigstellung: 2027
Bauherrschaft: Stadt Zürich, Amt für Hochbauten
Bauleitung: Confirm AG
Landschaftsarchitektur: Habitat Landschaftsarchitektur GmbH
Bauingenieur: Basler & Hofmann AG
Gebäudetechnik: Hunziker Betatech AG
Fassadenplaner: fensterinform GmbH

Competition: 2020
Completion: 2027
Client: City of Zurich, Office for Building Construction
Site management: Confirm AG
Landscape architecture: Habitat Landschaftsarchitektur GmbH
Structural engineer: Basler & Hofmann AG
Mechanical services: Hunziker Betatech AG
Façade planning: fensterinform GmbH

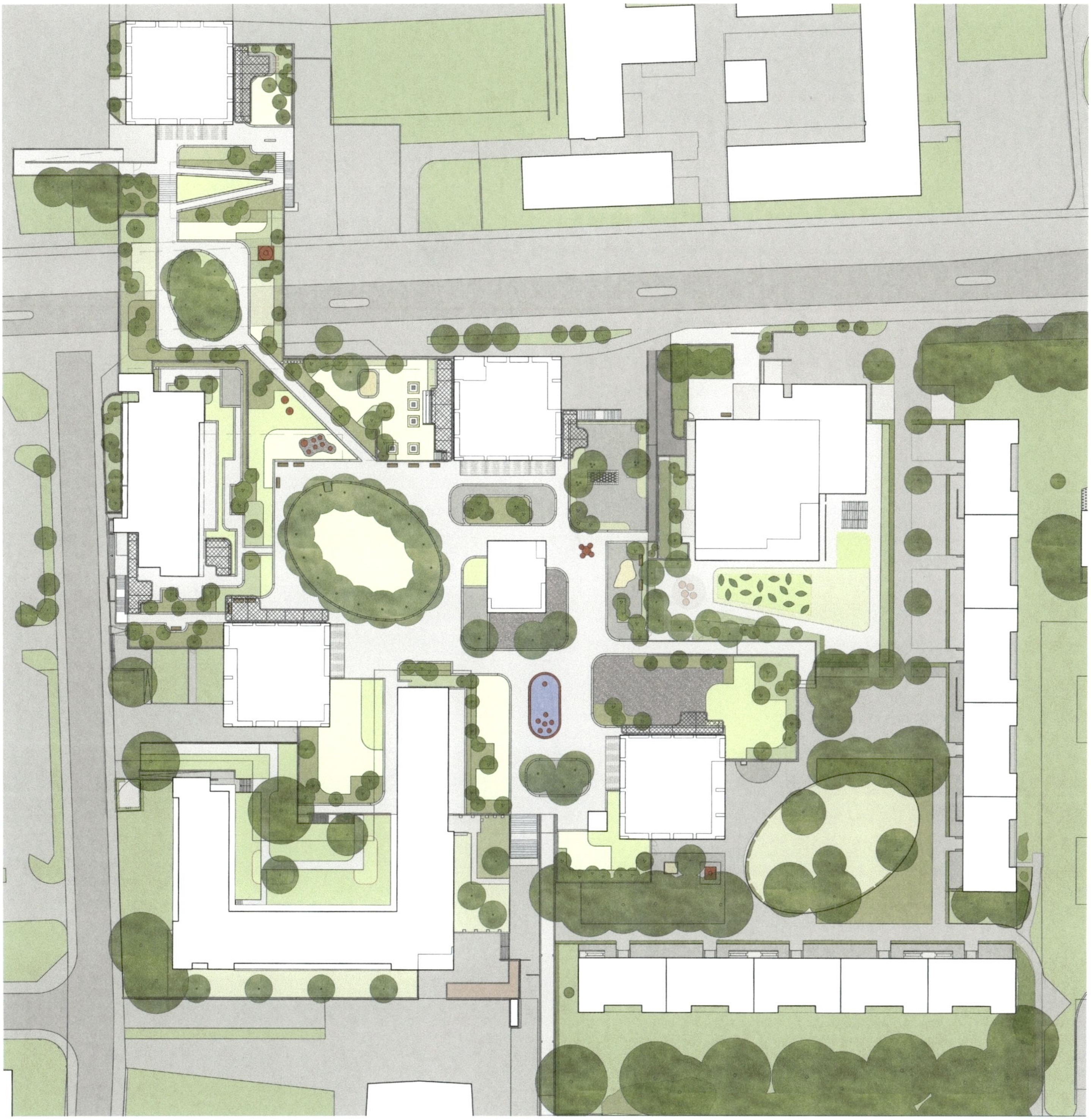

Im Zuge der Sanierung der Parkgaragendecke muss die bestehende Umgebung – auch aus gartendenkmalpflegerischer Sicht ein wichtiger Zeitzeuge – abgeräumt und neu erstellt werden. Dies bietet die Chance, aktuelle Themen wie Biodiversität, Hitzeminderung sowie eine Verbesserung der Aufenthaltsqualität einfliessen zu lassen.
Dem neuen Konzept liegt ein verspielter Ansatz der Gestaltung des Zeitzeugen Roberto Burle Marx aus der Entstehungszeit dieser Anlage zugrunde. Die Formensprache des ursprünglichen Projekts von Christofer Eriksson wird in den Grünflächen zu einem Mosaik verwoben.

As part of the refurbishment of the underground-car-park roof slab, the existing landscape, an important historic element from a garden-heritage perspective, must be cleared and rebuilt. This presents an opportunity to address current issues such as biodiversity, heat reduction and improved spatial quality.
The new concept draws on the playful design approach of Roberto Burle Marx, a key figure at the time this complex was created. The formal language of Christofer Eriksson's original scheme is reinterpreted within the green areas and woven into a mosaic.

Linke Seite oben: Versuchslabor Betonrekonstruktion am ehemaligen Hallenbad Oerlikon
Linke Seite unten: Umsetzung 1. Etappe Fassadensanierung Flachbau Bullingerstrasse 30
Facing page, top: Experimental laboratory for concrete reconstruction at the former Oerlikon indoor swimming pool
Facing page, bottom: Implementation of Phase 1 of the façade refurbishment, low-rise building, Bullingerstrasse 30

WERKVERZEICHNIS
Auswahl Bauten, Projekte und Wettbewerbe

2002		Wettbewerb Schulhaus Steinmürli, Dietikon (4. Preis)
2003		Wettbewerb Quartierplanung Fliederstrasse, Frauenfeld (2. Preis)
		Wettbewerb Seminarhotel am Wasser, Solothurn
2004		Wettbewerb Schul- und Sportanlage Kanalweg, Toffen (4. Preis)
	1	Ferienhaus Cape Kite, Cabarete (Direktauftrag)
		Wettbewerb Arealüberbauung Zwüschetweg, Neftenbach
	2	Altstadthaus Schipfe, Zürich (Wettbewerb 2001, 1. Preis)
		Provisorium Kantonsbibliothek Thurgau, Frauenfeld (Direktauftrag)
2005		Wettbewerb Staatsarchiv des Kanton Thurgau, Frauenfeld
		Ideenwettbewerb Ortszentrum, Balzers (2. Preis)
		Studienauftrag Umnutzung Villa Egli, Zürich
		Kantonsbibliothek Thurgau, Frauenfeld (Wettbewerb 2002, 1. Preis)
		Wettbewerb Wohn- und Geschäftshaus Langstrasse, Zürich
2006		Wettbewerb Wohnüberbauung Triemli, Zürich (4. Preis)
		Wettbewerb Erweiterung Altersheim Wiborada, Bernhardzell (4. Preis)
		Wettbewerb Wohnüberbauung Mooshalde, Männedorf
2007		Zustandsanalyse und Machbarkeitsstudie Altersheim Dorflinde, Zürich
		Machbarkeitsstudie Verwaltungsgebäude Nestlé Suisse S.A., Goldach
2008		Wettbewerb Alterswohnungen, Ringgenberg
		Wettbewerb Pflegeheim GerAtrium, Pfäffikon
2009		Altersheim Wildbach, Zürich (Wettbewerb 2005, 1. Preis)
2010	3	Loft, Amriswil (Direktauftrag)
	4	Wettbewerb Schulhaus Oberaach, Amriswil (2. Preis)
		Haus Bramberg, Neuenegg (in Zusammenarbeit mit Roberto Azzola Architekt, Direktauftrag)
		Wohnheim Sonnenburg, Weinfelden (Wettbewerb 2007, 1. Preis)
2011	5	Wettbewerb Wohnüberbauung Kronenwiese, Zürich
		Wettbewerb Wohnheim Wasserfuristrasse, Wiesendangen
		Wettbewerb Alters- und Pflegeheim, Appenzell (4. Preis)
2012		Alters- und Pflegeheim Neumünster, Zürich (Wettbewerb 2008, 1. Preis)
	6	Wettbewerb Postareal Oerlikon, Zürich
		Zeughaus Ebnet, Herisau (Wettbewerb 2009, 1. Preis)
		Wettbewerb Werkstatt Landscheide, Schöngrund
	7	Wettbewerb Hotel Park und Seeallee, Heiden
		Haus St. Mamertus, Triesen, Liechtenstein (Wettbewerb 2008, 1. Preis)
2013		Wettbewerb Maison de La Croisée de Joux, L'Abbaye (4. Preis)
	8	Wettbewerb Erweiterung Alterszentrum Hochweid, Kilchberg (2. Preis)
		Wettbewerb Erweiterung Altersheim, Döttingen (2. Preis)
		Wettbewerb Altersheim PeLago, Rorschacherberg (1. Preis)
2014		Wettbewerb Alters- und Pflegeheim Seegarten, Hünibach (4. Preis)
		Wettbewerb Wohnen im Alter, Gaiserwald (2. Preis)
		Generalplanerstudienauftrag Privatklinik Schlössli, Oetwil am See
		Wettbewerb Dorfkernerweiterung Sonnenareal, Altenrhein (in Zusammenarbeit mit BASK Architektur Städtebau GmbH)
		Wettbewerb Neubau Wohnheim Stiftung Helsenberg, Unterseen
	9	Wettbewerb Wohnen in Leutschenbach-Mitte, Zürich
2015	10	Wettbewerb Alterszentrum Drei Tannen, Wald (2. Preis)
		Wettbewerb Pflegeheim, Mauren (4. Preis)
	11	Wettbewerb L'école primaire de la Neuveville, Fribourg (in Zusammenarbeit mit Renaud Pidoux Architecte)

1

2

3

4

5

6

7

8

9

10

11

LIST OF WORKS

Selection of buildings, projects and competitions

Year	No.	Work
2002		Competition, Steinmürli school building, Dietikon (4th Prize)
2003		Competition, Fliederstrasse neighbourhood planning, Frauenfeld (2nd Prize)
		Competition, seminar hotel on the water, Solothurn
2004		Competition, Kanalweg school and sports complex, Toffen (4th Prize)
	1	Cape Kite holiday house, Cabarete (direct commission)
		Competition, Zwüschetweg site development, Neftenbach
	2	Altstadthaus Schipfe, Zurich (competition 2001, 1st Prize)
		Temporary building, Thurgau Cantonal Library, Frauenfeld (direct commission)
2005		Competition, Thurgau Cantonal Archive, Frauenfeld
		Ideas competition, village centre, Balzers (2nd Prize)
		Study commission, conversion of Villa Egli, Zurich
		Thurgau Cantonal Library, Frauenfeld (competition 2002, 1st Prize)
		Competition, Langstrasse residential and commercial building, Zurich
2006		Competition, Triemli housing development, Zurich (4th Prize)
		Competition, extension of Wiborada retirement home, Bernhardzell (4th Prize)
		Competition, Mooshalde housing development, Männedorf
2007		Condition analysis and feasibility study, Dorflinde retirement home, Zurich
		Feasibility study, Nestlé Suisse S.A. administration building, Goldach
2008		Competition, senior flats, Ringgenberg
		Competition, GerAtrium care home, Pfäffikon
2009		Wildbach retirement home, Zurich (competition 2005, 1st Prize)
2010	3	Loft, Amriswil (direct commission)
	4	Competition, Oberaach school building, Amriswil (2nd Prize)
		House Bramberg, Neuenegg (with Roberto Azzola Architekt, direct commission)
		Sonnenburg residential home, Weinfelden (competition 2007, 1st Prize)
2011	5	Competition, Kronenwiese housing development, Zurich
		Competition, Wasserfuristrasse residential home, Wiesendangen
		Competition, retirement and nursing home, Appenzell (4th Prize)
2012		Neumünster retirement and nursing home, Zurich (competition 2008, 1st Prize)
	6	Competition, Postareal Oerlikon, Zurich
		Ebnet armoury, Herisau (competition 2009, 1st Prize)
		Competition, Landscheide workshop, Schöngrund
	7	Competition, park and Seeallee hotel, Heiden
		St Mamertus House, Triesen, Liechtenstein (competition 2008, 1st Prize)
2013		Competition, Maison de La Croisée de Joux, L'Abbaye (4th Prize)
	8	Competition, extension of Hochweid retirement centre, Kilchberg (2nd Prize)
		Competition, extension of retirement home, Döttingen (2nd Prize)
		Competition, PeLago retirement home, Rorschacherberg (1st Prize)
2014		Competition, Seegarten retirement and nursing home, Hünibach (4th Prize)
		Competition, senior living, Gaiserwald (2nd Prize)
		General planner study commission, Schlössli private clinic, Oetwil am See
		Competition, Sonnenareal village-centre extension, Altenrhein (with BASK Architektur Städtebau GmbH)
		Competition, Helsenberg Foundation residential home, Unterseen
	9	Competition, Living in Leutschenbach-Mitte, Zurich

2016		Wettbewerb Structure d'accompagnement médico-sociale, Echichens (in Zusammenarbeit mit Renaud Pidoux Architecte, 2. Preis)
		Wettbewerb Schulanlage Freilager, Zürich
		Fassadensanierung Bürohaus Weststrasse, Zürich (in Zusammenarbeit mit Roberto Azzola Architekt, Direktauftrag)
		Wettbewerb Zentrum Rheinauen, Diepoldsau
	12	Studienauftrag Boardroom Swiss Re, Zürich
		Wettbewerb Altersheim Wier, Ebnat-Kappel
		Neubau Altersheim Feldhof, Oberriet (3. Preis)
2017	13	Wettbewerb Garderoben und Clubgebäude Hönggerberg, Zürich
		Pflegezentrum Witikon, Zürich (Wettbewerb 2010, 1. Preis)
		Wettbewerb Schulanlage Brühl, Solothurn
		Wettbewerb Sporthallen BZT, Frauenfeld
		Wettbewerb Kindergarten Städtli, Huttwil
		Wettbewerb Schulhaus Wiesenau, St. Margrethen
		Wettbewerb Bildungsstätte Sommeri, Amriswil (2. Preis)
	14	Wettbewerb Wohnheim Sonnegarte, St. Urban
2018		Alterssiedlung Blumenfeld, Altstätten (Wettbewerb 2014, 1. Preis)
		Haus Hegibach, Zürich (Direktauftrag)
2019		Wettbewerb Pflegeheim mit betreutem Wohnen Rinau Park, Kaiseraugst
		Wettbewerb Neubau Arbeits- und Wohngemeinschaft Borna, Rothrist
		Sporthalle Oberfeld, Langnau im Emmental (Wettbewerb 2012, 1. Preis)
	15	Wettbewerb Ersatzneubau SAW Alterssiedlung Espenhof Nord, Zürich
2020		Wettbewerb Campus Humanitas, Horgen (5. Preis)
		Wettbewerb Neubau Stützpunkt Ricken, Gommiswald (2. Preis)
	16	Wettbewerb Verwaltungsgebäude, Appenzell
		Wettbewerb Neubau Alterszentrum Ried, Biel
	17	Wettbewerb Neubau Spital Haus T, Münsterlingen
2021		Wettbewerb Neubau Asylzentrum, Adliswil
		Wettbewerb Gesundheitszentrum Bachwiesen, Zürich
2022		Wettbewerb Mehrzweckhalle Lauchetal, Thurgau
2023	18	Wettbewerb Seniorenwohnungen Herosé, Aarau
		Wettbewerb Alterszentrum Obigrueh, Schwyz
		Stiftung Vivala, Weinfelden (Wettbewerb 2018, 1. Preis)
	19	Wettbewerb Ersatzneubau Turnhalle Adetswil, Bäretswil (2. Preis)
2024		Zentrum Tödi, Horgen (in Zusammenarbeit mit Schäublin Architekten AG, Wettbewerb 2018, 1. Preis)
		Wettbewerb Alters- und Pflegeheim Peteracker, Rafz
2025		Wettbewerb Bezirksanlage, Uster
		Wettbewerb Sporthalle Breitli, Buochs (2. Preis)
		Wettbewerb Sportparkareal, Rotkreuz
		Pflegeheim Blumenfeld, Altstätten (Folgeauftrag Wettbewerb 2014, 1. Preis)
		Verwaltungsgebäude Vorstadt, Frauenfeld (Wettbewerb 2017, 1. Preis)
		Laufende Projekte:
		Siedlung Hardau II, Zürich (Wettbewerb 2020, 1. Preis)
	20	Alters- und Pflegeheim St. Katharinen, Solothurn (Wettbewerb 2023, 1. Preis)
	21	Mehrfamilienhäuser Goldermatten, Steinhausen (in Zusammenarbeit mit Aalaii Studio, Wettbewerb 2023, 1. Preis)
	22	Sporthalle Gländ, Gerlafingen (Wettbewerb 2024, 1. Preis)

12

13

14

15

16

17

18

19

20

21

22

2015

10 Competition, Drei Tannen retirement centre, Wald (2nd Prize)
Competition, care home, Mauren (4th Prize)
11 Competition, La Neuveville primary school, Fribourg (with Renaud Pidoux Architecte)

2016

Competition, medical–social support facility, Echichens (with Renaud Pidoux Architecte, 2nd Prize)
Competition, Freilager school complex, Zurich
Façade renovation, Weststrasse office building, Zurich (with Roberto Azzola Architekt, direct commission)
Competition, Rheinauen centre, Diepoldsau
12 Study commission, Swiss Re boardroom, Zurich
Competition, Wier retirement home, Ebnat-Kappel
Feldhof retirement home, Oberriet (3rd Prize)

2017

13 Competition, Hönggerberg changing rooms and club building, Zurich
Witikon care centre, Zurich (competition 2010, 1st Prize)
Competition, Brühl school complex, Solothurn
Competition, BZT sports halls, Frauenfeld
Competition, Städtli kindergarten, Huttwil
Competition, Wiesenau school building, St Margrethen
Competition, Sommeri educational centre, Amriswil (2nd Prize)
14 Competition, Sonnegarte residential home, St Urban

2018

Blumenfeld senior housing complex, Altstätten (competition 2014, 1st Prize)
Hegibach house, Zurich (direct commission)

2019

Competition, Rinau Park care home with assisted living, Kaiseraugst
Competition, Borna working and residential community, Rothrist
Oberfeld sports hall, Langnau im Emmental (competition 2012, 1st Prize)
15 Competition, Espenhof Nord SAW senior housing estate replacement building, Zürich

2020

Competition, Campus Humanitas, Horgen (5th Prize)
Competition, Ricken base building, Gommiswald (2nd Prize)
16 Competition, administration building, Appenzell
Competition, Ried retirement centre, Biel
17 Competition, Hospital Haus T, Münsterlingen

2021

Competition, asylum centre, Adliswil
Competition, Bachwiesen health centre, Zurich

2022

Competition, Lauchetal multipurpose hall, Thurgau

2023

18 Competition, Herosé senior housing, Aarau
Competition, Obigrueh retirement centre, Schwyz
Foundation Vivala, Weinfelden (competition 2018, 1st Prize)
19 Competition, Adetswil gymnasium replacement building, Bäretswil (2nd Prize)

2024

Tödi centre, Horgen (with Schäublin Architekten AG, competition 2018, 1st Prize)
Competition, Peteracker retirement and nursing home, Rafz

2025

Competition, district complex, Uster
Competition, Breitli sports hall, Buochs (2nd Prize)
Competition, sports park area, Rotkreuz
Blumenfeld care home, Altstätten (follow-up commission, competition 2014, 1st Prize)
Vorstadt administration building, Frauenfeld (competition 2017, 1st Prize)

Ongoing projects:
Hardau II housing estate, Zurich (competition 2020, 1st Prize)
20 St. Katharinen retirement and nursing home, Solothurn (competition 2023, 1st Prize)
21 Goldermatten apartment buildings, Steinhausen (with Aalaii Studio, competition 2023, 1st Prize)
22 Gländ sports hall, Gerlafingen (competition 2024, 1st Prize)

SAMUEL GÄUMANN

1966	Geboren in Bern
1986	Matura in Bern
1986–1993	Aufbau eines Behindertentransportunternehmens
1990	Eidgenössischer Kunstpreis, Bereich Modedesign/Schmuck
1993–1998	Architekturstudium am Institut d'architecture de l'Université de Genève (IAUG)
1996	Austauschjahr an der Scuola di Architettura, Università degli Studi di Firenze
1998–1999	Mitarbeit im Büro Meili, Peter Architekten, Zürich
1999–2001	Mitarbeit im Büro von Ballmoos Krucker Architekten, Zürich
2002	Bauleitungsmandat als freier Mitarbeiter bei GMS Partner AG, Zürich
2002–	Gemeinsames Architekturbüro mit Eva Lüdi und Martin von der Ropp

EVA LÜDI

1973	Geboren in Schaffhausen
1989–1993	Lehre als Hochbauzeichnerin in Solothurn
1993–1999	Architekturstudium Zürcher Fachhochschule Winterthur (ZHW)
1996–1997	Mitarbeit im Büro Morger & Degelo Architekten, Basel
1997–1998	Mitarbeit im Büro Meili, Peter Architekten, Zürich
2000–2002	Mitarbeit im Büro Knapkiewicz & Fickert AG, Zürich
2002–	Gemeinsames Architekturbüro mit Samuel Gäumann und Martin von der Ropp
2007–2011	Dozentin für Entwurf und Konstruktion, Hochschule für Technik Zürich (HSZ-T)
2012–2015	Dozentin für Entwurf und Konstruktion, Zürcher Hochschule für Angewandte Wissenschaften (ZHAW)

MARTIN VON DER ROPP

1970	Geboren in München
1990	Abitur in München
1990–1993	Lehre als Möbelschreiner
1993–1994	Arbeiten als Schreiner
1994–2001	Architekturstudium an der Technischen Universität München (TUM)
1999–2000	Mitarbeit im Büro Jakob Steib Architekten AG, Zürich
2001–2002	Mitarbeit im Büro von Ballmoos Krucker Architekten, Zürich
2002–	Gemeinsames Architekturbüro mit Eva Lüdi und Samuel Gäumann

JUDIT SOLT

Textbeiträge und Objekttexte

Diplomierte Architektin ETH SIA, ist die Chefredaktorin von *TEC21 – Schweizerische Bauzeitung*. Davor war sie Redaktorin von *Ideales Heim* und *archithese*, schrieb als freie Journalistin für Fachzeitschriften und Tageszeitungen und unterrichtete an der ETH Zürich und an der HTW Chur. Neben ihrer Tätigkeit als Autorin, Moderatorin, Referentin und Architekturkritikerin engagiert sie sich in Fachjurys, Sachverständigenkommissionen und Berufsorganisationen.

MITARBEITENDE 2002–2025

Christina Albert, Yomna Azab, Nathan Barnhart, Nicole Baumgartner, Laura Calvo-Sabroso, Maria Chen, Elisa Chiu, Manuel Däster, Vojin Davidovic, Catherine Fischer, Sandra Flohr, Sandra Flury, Miriam Frei, Sebastian Geltz, Léonor Grivel, Sandra Güntensperger, Valon Hashani, Charlotte Hille, Saskia Hirschi, Rémy Hofer, Filip Hutera, Zofia Izewska, Jörg Iff, Norman Karl, Nadine Koller, Nea Košir, Nadia Kronauer, Ameer Kubba, Jan Kupka, Xiang Li, Viktor Maimik, Paula Martínez, Veronika Melber, Antonio Melro, Oliver Muff, Marcel Nufer, Jürgen Oswald, Oliver Oswald, Nadja Peter, Afsar Peyramy, Łukasz Pietrzak, Tilman Schmidt-Föhre, Matthias Schneider, Florian Schwinger, Svetlozara Tsankova, Rowena Ullrich, Robert Urbanek-Zeller, Nan Wang, Mark Zahran

DANK

Wir möchten uns herzlich bei unseren Bauherrinnen und Bauherren für das entgegengebrachte Vertrauen bedanken, auf das wir in unserer Arbeit stets bauen durften. Ein grosser Dank gilt ebenso unseren Partnerinnen und Partnern für die engagierte und wertvolle Zusammenarbeit sowie allen Unternehmerinnen und Unternehmern, deren Einsatz die Umsetzung unserer Projekte überhaupt erst möglich gemacht hat.

Ein herzlicher Dank geht an Judit Solt für ihre sensiblen Beiträge zu diesem Buch, die uns einen neuen, differenzierten Blick auf unser eigenes Schaffen eröffnet haben. Den Fotografen Georg Aerni, Alexander Gempeler, Heinrich Helfenstein und Jürg Zimmermann danken wir dafür, dass sie unsere Bauten stets im besten Licht erscheinen lassen.

Wir danken dem Quart Verlag für die Anfrage und die anregende Zusammenarbeit bei der Umsetzung dieses Buchprojekts. Es erfüllt uns mit Stolz, Teil der *De aedibus*-Familie sein zu dürfen.

Und nicht zuletzt gilt unser besonderer Dank unseren Mitarbeiterinnen und Mitarbeitern. Durch ihren professionellen Einsatz, ihr Engagement und ihre Loyalität werden unsere Bauten zu dem, was sie heute sind.

SAMUEL GÄUMANN

1966	Born in Bern
1986	Completed secondary education (Matura) in Bern
1986–1993	Established a transport service for people with disabilities
1990	Swiss Art Award in the field of fashion design/jewellery
1993–1998	Architecture studies at the Institut d'architecture de l'Université de Genève (IAUG)
1996	Exchange year at the Scuola di Architettura, Università degli Studi di Firenze
1998–1999	Worked at Meili, Peter Architekten, Zurich
1999–2001	Worked at von Ballmoos Krucker Architekten, Zurich
2002	Worked in construction management as a freelance collaborator at GMS Partner AG, Zurich
2002–	Joint architecture practice with Eva Lüdi and Martin von der Ropp

EVA LÜDI

1973	Born in Schaffhausen
1989–1993	Apprenticeship as a building draughtswoman in Solothurn
1993–1999	Architecture studies at Zurich University of Applied Sciences Winterthur (ZHW)
1996–1997	Worked at Morger & Degelo Architekten, Basel
1997–1998	Worked at Meili, Peter Architekten, Zurich
2000–2002	Worked at Knapkiewicz & Fickert AG, Zurich
2002–	Joint architecture practice with Samuel Gäumann and Martin von der Ropp
2007–2011	Lecturer in design and construction, Zurich University of Applied Sciences in Technology (HSZ-T)
2012–2015	Lecturer in design and construction, Zurich University of Applied Sciences (ZHAW)

MARTIN VON DER ROPP

1970	Born in Munich
1990	Completed secondary education (Abitur) in Munich
1990–1993	Apprenticeship as a cabinetmaker
1993–1994	Worked as a joiner
1994–2001	Architecture studies at the Technical University of Munich (TUM)
1999–2000	Worked at Jakob Steib Architekten AG, Zurich
2001–2002	Worked at von Ballmoos Krucker Architekten, Zurich
2002–	Joint architecture practice with Eva Lüdi and Samuel Gäumann

JUDIT SOLT
Articles and project descriptions

Architect ETH SIA, is the editor-in-chief of *TEC21 – Schweizerische Bauzeitung*. She was previously an editor at *Ideales Heim* and *archithese*, worked as a freelance journalist for specialist journals and daily newspapers, and taught at the ETH Zurich and at the University of Applied Sciences of the Grisons HTW in Chur. In addition to her work as an author, moderator, lecturer and architecture critic, she serves on professional juries, expert commissions and professional organisations.

COLLABORATORS 2002–2025

Christina Albert, Yomna Azab, Nathan Barnhart, Nicole Baumgartner, Laura Calvo-Sabroso, Maria Chen, Elisa Chiu, Manuel Däster, Vojin Davidovic, Catherine Fischer, Sandra Flohr, Sandra Flury, Miriam Frei, Sebastian Geltz, Léonor Grivel, Sandra Güntensperger, Valon Hashani, Charlotte Hille, Saskia Hirschi, Rémy Hofer, Filip Hutera, Zofia Izewska, Jörg Iff, Norman Karl, Nadine Koller, Nea Košir, Nadia Kronauer, Ameer Kubba, Jan Kupka, Xiang Li, Viktor Maimik, Paula Martínez, Veronika Melber, Antonio Melro, Oliver Muff, Marcel Nufer, Jürgen Oswald, Oliver Oswald, Nadja Peter, Afsar Peyramy, Łukasz Pietrzak, Tilman Schmidt-Föhre, Matthias Schneider, Florian Schwinger, Svetlozara Tsankova, Rowena Ullrich, Robert Urbanek-Zeller, Nan Wang, Mark Zahran

ACKNOWLEDGEMENTS

We would like to thank our clients for the trust they have placed in us, which has always formed the foundation of our work. We also thank our partners for their committed and valuable collaboration, and all contractors whose contribution has made the realisation of our projects possible.

We thank Judit Solt for her sensitive contributions to this book, which have opened up a new and nuanced perspective on our own work. We thank the photographers Georg Aerni, Alexander Gempeler, Heinrich Helfenstein and Jürg Zimmermann for presenting our buildings in the best light.

We thank Quart Publishers for the invitation and for the stimulating collaboration in the making of this book. It is a source of pride for us to be part of the *De aedibus* family.

And not least, our particular thanks go to our employees. Through their professionalism, commitment and loyalty, our buildings become what they are today.

FINANZIELLE UND IDEELLE UNTERSTÜTZUNG

Ein besonderer Dank gilt den Institutionen und Sponsorfirmen, deren finanzielle Unterstützungen wesentlich zum Entstehen dieser Buchreihe beitragen. Ihr kulturelles Engagement ermöglicht ein fruchtbares und freundschaftliches Zusammenwirken von Baukultur und Bauwirtschaft.

FINANCIAL AND CONCEPTUAL SUPPORT

Special thanks to our sponsors and institutions whose financial support has helped us so much with the production of this series of books. Their cultural commitment is a valuable contribution to fruitful and cordial collaboration between the culture and economics of architecture.

Stadt Zürich Amt für Hochbauten

Thurgau

Langnau leben im Emmental

Appenzell Ausserrhoden

Blumer-Lehmann AG, Gossau

Basler & Hofmann AG, Zürich / Basel / Bern / Esslingen / Lausanne, Luzern / St. Gallen

Caprez Ingenieure AG, Zürich

Confirm AG, Zürich

Corti Bau, Winterthur

Eichenberger & Lerch, Gampelen

fensterinform gmbh, Siegershausen

Joos AG Schreinerei, Nänikon

Kästli & Co AG, Belp / Dietlikon / Lausanne

Gipsergeschäft Kradolfer GmbH, Weinfelden

Natursteine Wüst AG, Wallisellen

Tulux AG, Tuggen

Amstein + Walthert AG, Frauenfeld
Anderegg Partner AG, Basel/Bellach/Bern/Zürich
Bantli AG, Eschenz
designphorie gmbh, Frauenfeld
Finger AG, Lüchingen
GFT Fassaden AG, St. Gallen
Häfelin AG, Frauenfeld
Hunziker Betatech AG, Winterthur
Keim Farben AG, Thal
Niederer AG, Altstätten
PlotJet AG, Dübendorf
Schwarzer AG, Dulliken
SJB Kempter Fitze AG, St. Gallen
ThurHOLZ GmbH, Buhwil
Wenger Fenster AG, Wimmis
ZORZINI BAULEITUNG GmbH, Frauenfeld

Gäumann Lüdi von der Ropp
116. Band der Reihe *De aedibus*
Herausgegeben von: Heinz Wirz, Luzern
Konzept: Heinz Wirz; Gäumann Lüdi von der Ropp, Zürich
Textbeiträge und Objekttexte: Judit Solt, Zürich
Textlektorat deutsch: Beate Ummenhofer, language service, Wien
Übersetzung deutsch–englisch: Nicholas Elliott, Berlin
Fotos: Alexander Gempeler, Bern, S. 16–23, 26–33, 48–59, 62–73, 84, 85 (unten), 116 (Nr. 3); Georg Aerni, Zürich, S. 9 (Mitte), 34–44, 45 (Mitte), 74–81, 100–111, 113; Jürg Zimmermann, Zürich, S. 8 (Mitte), 10–15, 83 (unten), 86–93; Heinrich Helfenstein, Zürich, S. 47 (Mitte), 94–99; Thomas Guignard, Québec, S. 85 (Mitte); Baugeschichtliches Archiv, Zürich, S. 112; Archiv Gäumann Lüdi von der Ropp, restliche Bilder
Visualisierungen: Nightnurse Images, Zürich, S. 6, 7, 25, 61, 69, 71 (oben), 85 (oben), 116–119 (Nr. 5–21)
Farbplan: Habitat Landschaftsarchitekten, Zürich, S. 115
Redesign: BKVK, Basel – Beat Keusch, Angelina Köpplin-Stützle
Grafische Umsetzung: Quart Verlag Luzern
Lithos: Rica Egger, Printeria, Luzern
Druck: DZA Druckerei zu Altenburg GmbH

Der Quart Verlag wird vom Bundesamt für Kultur für die Jahre 2021–2025 unterstützt.

ISBN 978-3-03761-357-3

**Gäumann Lüdi von der Ropp
Volume 116 of the series *De aedibus*
Edited by: Heinz Wirz, Lucerne
Concept: Heinz Wirz; Gäumann Lüdi von der Ropp, Zurich
Articles and project descriptions by: Judit Solt, Zurich
German text editing: Beate Ummenhofer, language service, Vienna
German–English translation: Nicholas Elliott, Berlin
Photos: Alexander Gempeler, Bern, p. 16–23, 26–33, 48–59, 62–73, 84, 85 (bottom), 116 (No. 3); Georg Aerni, Zurich, p. 9 (centre), 34–44, 45 (centre), 74–81, 100–111, 113; Jürg Zimmermann, Zurich, p. 8 (centre), 10–15, 83 (bottom), 86–93; Heinrich Helfenstein, Zurich, p. 47 (centre), 94–99; Thomas Guignard, Québec, p. 85 (centre); Baugeschichtliches Archiv, Zurich, p. 112; Archiv Gäumann Lüdi von der Ropp, all other images
Visualisations: Nightnurse images, Zurich, p. 6, 7, 25, 61, 69, 71 (top), 85 (top), 116–119 (No. 5–21)
Coloured site plan: Habitat Landschaftsarchitekten, Zurich, p. 115
Redesign: BKVK, Basel – Beat Keusch, Angelina Köpplin-Stützle
Graphic design: Quart Verlag Luzern
Lithos: Rica Egger, Printeria, Luzern
Printing: DZA Druckerei zu Altenburg GmbH**

Quart Publishers is being supported by the Federal Office of Culture for the years 2021–2025.

ISBN 978-3-03761-357-3

Produktsicherheit / Product safety
Verantwortliche Person gemäss EU-Verordnung / Responsible person pursuant to EU Regulation 2023/988 (GPSR):
GVA Gemeinsame Verlagsauslieferung Göttingen GmbH & Co. KG
Postfach / Post Box 2021
37010 Göttingen
Deutschland / Germany
T +49 551 384 200 0
info@gva-verlage.de

Quart Verlag GmbH
Denkmalstrasse 2, CH-6006 Luzern
books@quart.ch, T +41 41 420 20 82, www.quart.ch

De aedibus
Zeitgenössische Architekturschaffende und ihre Bauten

De aedibus
Contemporary architects and their buildings

116 Gäumann Lüdi von der Ropp (de/en)
115 Lütolf und Scheuner (de/en)
114 Renato Maurizio Architekten (de/en)
113 Oxid Architektur (de/en)
112 dl-a, designlab-architecture (de/en, fr/en)
111 LVPH (de/en, fr)
110 CLR architectes (de/en, fr/en)
109 Brandenberger Kloter (de/en)
108 Menzi Bürgler Kuithan (de/en)
107 Frei Architekten (de/en)
106 Darlington Meier (de/en)
105 Sollberger Bögli (de/en)
104 Gus Wüstemann (de/en)
103 frey architectes (de/en)
102 Masswerk Architekten (de/en)
101 Giorgis Rodriguez (de/en, es/fr)
100 Carlos Martinez (de/en)
99 Stocker Lee (de/en, it)
98 Roman Hutter (de/en)
97 Bachelard Wagner (de/en, fr)
96 Alain Wolff architectes (de/en, fr)
95 Horisberger Wagen (de/en)
94 Pont12 (de/en, fr)
93 Christian Dupraz (de/en, fr)
92 group8 (de/en, fr/en)
91 MPH (de/en, fr/en)
90 Spillmann Echsle (de/en)
89 Andy Senn (de/en)
88 Architetti Tibiletti Associati (de/en)
87 Zach + Zünd (de/en)
86 Kistler Vogt (de/en)
85 Sylla Widmann (de/en, fr/en)
84 Aebi & Vincent Architekten (de/en)
83 Baumberger & Stegmeier (de/en)
82 L-architectes (de/en, de/fr)
81 Frei Rezakhanlou (de/en)
80 weberbrunner (de/en)
79 Meyer Piattini (de/en)
78 meier + associés architectes (de/en, de/fr)
77 Lin Robbe Seiler (de/en, de/fr)
76 Meier Leder (de/en)
75 Butikofer de Oliveira Vernay (de/en)
74 Elisabeth & Martin Boesch (de/en)
73 spaceshop Architekten (de/en)
72 Kast Kaeppeli (de/en)
71 Philippe Meyer (de/en, fr)
70 bartbuchhofer (de/en)
69 Hauenstein La Roche Schedler (de/en)
68 Graeme Mann & Patricia Capua Mann (de/en)
67 Esposito Javet (de/en, de/fr)
66 Galletti Matter (de/en, de/fr)
65 Fruehauf, Henry & Viladoms (de/en)
64 Jakob Steib (de/en)
63 bunq (de/en)
62 Jean-Paul Jaccaud (de/en, de/fr)
61 huggenbergerfries (de/en)
60 Berrel Berrel Kräutler (de/en)
59 Pierre-Alain Dupraz (de/en, de/fr)
58 Cometti Truffer (de/en)
57 Joos & Mathys (de/en)
56 Lacroix Chessex (de/en)
55 Savioz Fabrizzi (de/en, de/fr)
54 Boegli Kramp (de/en)
53 Zita Cotti (de/en)
52 Oestreich + Schmid (de/en)
51 Stump & Schibli Architekten (de/en)
50 Luca Gazzaniga (de/en)
49 Guignard & Saner (de/en)
48 Morger + Dettli (de/en)
47 Charles Pictet (de/en)
46 Armando Ruinelli + Partner (de/en/it)
45 Luca Selva Architekten (de/en)
44 Luca Deon (de/en)
43 2b (de/en)
42 Durisch + Nolli (de/en)
41 sabarchitekten (de/en)
40 Beat Rothen (de/en)
39 Atelier Bonnet (de/en)
38 Novaron (de/en)
37 Althammer Hochuli (de/en)
36 Schneider & Schneider (de/en)
35 Frei & Ehrensperger (de, en)
34 Liechti Graf Zumsteg (de/en)
33 Adrian Streich (de/en)
32 Daniele Marques (de/en)
31 Neff Neumann (de/en)
30 Giraudi Wettstein (de/en)
29 Steinmann & Schmid (de/en)
28 Matthias Ackermann (de/en)
27 Aeby & Perneger (de/en)
26 Bakker & Blanc (de/en)
25 Markus Wespi Jérôme de Meuron (de/en)
24 Bauart (de/en, de/fr)
23 Knapkiewicz & Fickert (de/en)
22 Marcel Ferrier (de/en)
21 Wild Bär Architekten (de/en)
20 Enzmann + Fischer (de/en)
19 Mierta und Kurt Lazzarini (de/en)
18 Rolf Mühlethaler (de/en)
17 Pablo Horváth (de/en)
16 Brauen + Wälchli (de/en)
15 E2A Eckert Eckert Architekten (de/en)
14 Lussi + Halter (de/en)
13 Philipp Brühwiler (de/en)
12 Scheitlin – Syfrig + Partner (de/en)
11 Vittorio Magnago Lampugnani (de/en)
10 Bonnard Woeffray (de/en, de/fr)
9 Graber Pulver (de/en)
8 Burkhalter Sumi / Makiol Wiederkehr (de/en)
7 Gigon/Guyer (de, en)
6 Andrea Bassi (de, fr, en)
5 Dieter Jüngling und Andreas Hagmann (de, en)
4 Beat Consoni (de, en)
3 Max Bosshard & Christoph Luchsinger (de)
2 Miroslav Šik (de, en, it)
1 Valentin Bearth & Andrea Deplazes (de, en, it)

books@quart.ch, www.quart.ch